宗教改革者たちの信仰

金子晴勇 Kaneko Haruo

教文館

はじめに——信仰を源泉から学び直そう

今年はルターの宗教改革から五〇〇年を経た記念すべき年である。この機会にわたしも今日宗教改革者たちの思想から何を学ぶべきかを再度考えてみたい。この問題はエラスムスとルターの研究に長く携わってきたわたしにとって当然問いかけられるものでもあった。実際、昨年来、学会や大学の研究所また民間の団体から講演などの依頼を受けたので、この機会を利用して日頃考えていることをいくつかのテーマに分けて考えてみた。講演や講話などではどうしてもそのときどきの聴衆の関心と要求に合わせねばならないので、問題の核心には十分に立ち入ることができないことが多いし、とりわけわたしのような老齢の身ではうまく話す自信もなくなったので、いくつかの重要と思われる問題をあらかじめ立てて考察しておきたいと思うようになった。

わたしにとってもっとも大切に感じたのは、宗教改革の思想的源泉に立ち帰ることの意義を明らかにすることであった。そこでいくつかの重要な質問を立て、それに答えるという形で考えてみた。そんなわけで「はじめに」ではわたしたちが今日宗教改革の源泉に立ち帰って考えること自体の必要性について述べてみたい。

一六世紀に起こった宗教改革の運動は、当時のルネサンス運動と平行して進行しており、この時代は「ルネサンスと宗教改革」の時代と一般に言われる。したがってそこには共通なテーマが認められるのは当然である。ルネサンスがギリシア・ローマの古典文化の復興であって、古典文化の「源泉に帰る」ことを志し、その統一主題が「人間の尊厳」であったように、宗教改革も「聖書」という信仰の「源泉に立ち帰る」ことを基本姿勢にしており、「神の前に立つ人間」を探求の主題としている。

この点をいち早く、しかも鮮明に説いたのは、人文主義者エラスムスであり、聖書のギリシア語原典と新しいラテン訳を併記した「新しい道具」という名称をもつ『校訂　新約聖書』を彼は出版した。これはルターが作成した「九五箇条の提題」と並んで、否それに先がけて、重要な宗教改革の出発点となった。そこでこの本の「献呈の辞」に注目してみよう。

ホルバインの手になる有名な肖像画を見ると一五一六年の二月エラスムスは書見台の前に立って、その最新作である『校訂　新約聖書』の最初の頁に付けられることになる献呈の辞を執筆している。彼は次のように書いている。

> キリスト教の再建と改善のための、いわば土台となる希望と聖なる錨は、地にあるキリスト教哲学の信奉者のすべてが福音的で使徒的な著作——その中にはかつて御父の心からわたしたちに到来した天上の言葉がなおも生き、息づき、扱われ、わたしたちとともに語っており、他のどこにもないように活動的にして造形的である——にもとづいてキリスト教の創始者の教えに沈潜することにかかっていることは全く明らかであるし、またあの救済の教えが遥かに純粋に、かつ生

けるものとして血管そのものの中に見出され、沼とか脇道に入った小川からよりも源泉そのものから汲まれたのをわたしは知っています。それゆえ、わたしは新約聖書の全文を忠実にオリジナルなテクストにしたがって批判的に改訂しました。無責任であったり、労を省いたりしないで、多くのギリシア語とラテン語の手書き本を、しかも勝手に選んだ写本ではなく、もっとも古くかつ最善の写本を参照して改訂しました。

最初に記されている言葉は「キリスト教哲学」という聞き慣れない言葉であるが、それはどういう意味であろうか。それを知りたい人はこの作品の「序文」に当たる『新約聖書の序文』の中の「敬虔なる読者への呼びかけ」（パラクレシス）に詳しく書かれているので参照してほしい。ところで彼は黄金の世紀が開始するとの期待をこの書に寄せており、まことに稀なことではあるが、幸福な「高揚した気分」にひたっている。彼はギリシア語の新約聖書をとても高く評価しており、正しい本文を確定し、註を付けて説明しようと、数年の間ありったけの努力を注いだのであった。それは厳密な言語学的作業を必要としたのであった。そこでは源泉そのものに立ち帰り、そこから流れ出した小川や脇道にそれた沼などに満足しないことが何よりも大切であると彼は続けて語っている。

このように源泉に立ち帰るということがエラスムスばかりか、ルターやカルヴァンにおいても徹底的に追求された。だが宗教改革者たちはすべて聖書だけでなく、古代教父たちの思想にも立ち帰って、その思想を学び、各自の神学思想を形成してきた事実を忘れてはならない。古代において三位一体論やキリスト論の教義が確定されたが、彼らはこの事実を重んじ、信じて疑わなかった。しかし中世を通して発展してきたスコラ神学には共通して疑問を懐き、厳しく批判してきた。それゆえ彼らが一般に伝統を否定したと言っても、それは当時の世界観となって支配していた神学体系に向けられていたのであって、オリゲネスやアウグスティヌスなどの伝統はむしろ重んじてきたのであった。エラスムスによるとそこには「黄金の水流」が流れている。彼は次のように語る。

もしも誰かがこの問題で何か直ぐに利用できる例証を求めるならば、その人はあの往時の神学者たち、オリゲネス、バシレイオス、クリュソストモス、ヒエロニュムスとこれら最近の神学者たちとを比較検討すればよいでしょう。そうすれば、あそこでは何かある黄金の水流が拡がっていたのに、ここではやせ細った小川しか流れていないし、この小川にしても完全に清くはないし、その源泉に一致していないのを、彼は見るでしょう。あそこでは永遠の真理の神託がとどろいていたのに、ここであなたが聞くのは、人間の作り事であって、あなたが近づいて観察してみるとそれは夢幻のように消失してしまいます。あそこではあなたは福音の真理の港に正しい道を採って向かいますが、ここでは人間的な問題設定にひん曲げられて格闘するか、もしくは教皇の権力というスキッラ[*1]とか、スコラ学的な教義という〔航海の難所〕シルチス[*2]とか、神の法とか人間の法というシンプレガデス[*3]とかに打ち当たってしまいます。たとえあなたがこのようなカリュビディスがあるのを好まなくても、そうなります。あそこでは聖書という強固な基礎にもとづく建物が高く聳え、ここでは役に立たない人間的な機知やおべっかによって巨大なというよりも少なからず空虚な駄作が策略によって造り上げられ、無限に高められるでしょう。あそこではあなたは至福な庭園にいるように豊かに楽しんだり、満足させられますが、ここでは針のある灌木の中でずたずたに引き裂かれ、責めさいなまれるでしょう。あそこではすべてが尊厳に満ちており、ここでは卓越したものは何一つないため、あなたは大抵はつまらないものを見つけ、神学の尊厳にふさわしいものはほとんどないでしょう。[*4]

このように宗教改革者たちは聖書と並んで古代教会の伝統を重んじてきたのであった。このことはわたしたちにとっても重要なことであって、聖書とともに教会の伝統、とりわけこれから考察する「宗教改革の伝統」が重んじられなければならないことを示唆している。

次に十数年前にわたしが属している井草教会でルターの生誕五〇〇年という宗教改革記念日に行った試みについて触れておきたい。わたしたちは宗教改革の根本精神に立ち返って教会のあり方を点検し、吟味したいと願い、修養会を開き、元長老であったわたしが発題を担当することになった。そこでわたしは自分の考えるところを質問の形で次の五箇条（残念ながら九五箇条ではない）に要約して提示した。その表題は「宗教改革の精神と井草教会の歩み」とした。

(1)宗教改革の精神は、基本的には、「信仰によるのみ」「聖書のみ」「万人祭司性」というプロテスタンティズムの三原理に要約されている。井草教会は創立以来、この基本精神から離れたことはなかったか。

(2)だが、現実には、「信仰のみ」がお題目となったり、排他的な主義と化したりしてキリストに対する信頼から離れ、自己確信や知的承認に陥ったりしなかったであろうか。
(3)宗教改革は中世スコラ神学体系を破壊し、古典語研究による聖書の学問を確立した。しかし教会は神学校でも聖書学研究所でもない。この区別は十分自覚されていたであろうか。
(4)説教は教会の生命であるが、それは聖書を通してわたしたちに語りかける神の言葉を信仰によって単純明解に語るべきであり、聖書知識は背景にひかえさせるべきではなかろうか。
(5)プロテスタント教会は近代文化と密接な関係をもっているが、その信仰は文化と同じではない。文化信仰（文化病）からの脱却が、井草教会の古い世代の課題ではなかろうか。

この発題により分団で協議がなされ、その報告が記録されている。なかでも説教について真剣に討論され、信徒の説教を聞く態度が反省されたし、いわゆる「文化病」の発言で衝撃を受けた人もいたが、その詳細についてはここでは省略する。[*5]

こうした試みは今日ではとりわけ必要ではなかろうか。というのもプロテスタント教会は共通の思想的源泉である宗教改革から学ぶ姿勢を喪失しているからである。かつては一〇月の最終日曜日には宗教改革記念礼拝が行われていたが、今日ではそれも少なくなり、説教でもルターの名前は言及されても、その信仰と思想内容にはとくに関心が示されなくなっているからである。そればかりかルターの神学を研究する人も激減し、かつては賑わっていた日本ルター学会も規模が縮小されている。またエラスムスの神学などに関心を寄せる人などほとんどいないのが現状である。エラスムスを人文主義者として関心を寄せる人はいても、彼が宗教改革者であることを知る人はほとんどいない。

だが、このようなことを嘆くよりも、エラスムスがかつてキリスト教の教父たちの中に「黄金の水流」を求めたように、わたしたちも宗教改革者たちの思想と行動のうちにキリスト教信仰の生命力を探求すべきであるとわたしには思われる。

注

＊1　スキッラとカリュビディスはその間を航海する船が難船する難所を表現する言葉である。
＊2　シルチスはカルタゴからクレネにかけての地中海沿岸にある二つの浅瀬を言う。
＊3　シンプレガデスは黒海の入口の両岸にそそり立つ二つの岩で、その間を通過する船を両側から動いて破壊したと言われる。
＊4　『エラスムス神学著作集』金子晴勇訳、教文館、二〇一六年、三〇一頁。
＊5　その詳しい内容は金子晴勇「信徒の説教論」『説教者のための聖書講解』第五一号、一九八五年六月号、日本キリスト教団出版局所収を参照してほしい。

目次

装丁　桂川潤

1　宗教改革はどのように起こったか
――「九五箇条の提題」の意義

（1）一般的政治情勢

ルターが活躍した時代はヨーロッパ一六世紀の前半であった。ヨーロッパ史の時代区分にはさまざまな見方があって、議論が積み重ねられてきたが、一般に言って一七世紀の後半から近代に入ると考えられるようになった。それでは一六世紀から近代に入るという、これまで歴史家によって採用されてきた時代区分は意味がないのであろうか。その期間は中世から近代への過渡期としての意義をもっているといえよう。実際、一六世紀の前半は政治的にも精神的にも激動の時代であって、この時代は「ルネサンスと宗教改革」の時代と呼ばれている。この一六世紀に起こった宗教改革も教会のルネサンスであったがゆえに、広義ではルネサンスに属す。宗教改革はこの時代に教会の生命の復興もしくは新生を求めた人々が起こした一大精神運動であり、その指導者はマルティン・ルターであった。彼はこの改革運動を多数の支持者と協力者を選帝侯や多数の都市の有力者から得てはじめて実現できたのであった。したがって彼は、政治的に見ても、軍事的な出来事に満ちた時代に生き、また外交関係がたえず高度の緊張状態におかれていた雰囲気のうちに、その使命を果たしたのであった。こうした政治的緊張状態の渦中におかれていたので、ヨーロッパはトルコ軍の西進による東方からの恐るべき危機が迫っていたのに一致団結してこれに対処できず、ハプスブルク家のカール五世とフランス王フランソワ一世との二大勢力は拮抗し合い、激しい戦闘をくり返していた。ところが都市は資本の集中によって経済的に強力となり、文化的にはもっとも進歩していたが、農民のあいだには依然として不満の声が高まっていた。これに加えてローマ教皇と教皇庁は教会国家の支配者を自任し、ヨーロッパ二大勢力の抗争の間に割って入り、政治的に画策した。こうして生じた政治上の権力闘争の狭間に立ってルターの宗教改革は不思議にも着実に進んでいった。

一見すると宗教改革は外見的には政治史にすべて還元されるように思われるけれども、ルター自身は政治的な関心も薄く、実際全く無力であり、同時代の宗教改革者であるツヴィングリやブツァーのような広い視野に立った政治的行動をもできるかぎり避け、さらには農民との同盟さえもあえて拒否してしまったのは、ただキリスト教の教え、とくに福音の教義を純粋に説き、かつ、守るということのほかに彼の行動の動機が全くなかったことを証ししている。それゆえ歴史家ローは次のように主張した。「もしも、今日なお歴史を神の摂理のわざとして記述するのがならわしであるならば、ルターの歴史はすみからすみまでその証拠としてあげられるであろう」[*1]と。

（2）宗教改革の原因――二つの遠因と直接因

　では、どのようにして宗教改革は現実に起こったのであろうか。そこには遠因と直接的な原因とがある。まず、遠因について簡単に述べてみよう。マルティン・ルターの父ハンスは長男であったので、土地の細分化をこばむために作られた末子相続という当時のザクセンの相続法にしたがって家を離れ、地上には土地がなかったので地下で働く鉱夫として身を立てるためアイスレーベンに移住し、その地でマルティンが生まれた。ハンスはマルティンが生まれた翌年にはマンスフェルトに移り銅精錬業の事業に加わり、一介の鉱夫から出発し、次いで精錬所主人となり、辛苦に耐え、勤労を重ねてやがて成功するようになった。しかし金、銀、銅にせよ、貨幣が商業を栄えさせ、資本の集中によって生産を高めて生まれる資本主義はすでに始まっていた。こうして魂の救済ばかりか天国までも金で買う贖宥（免罪）問題もここから起こってくる。ルターの父が鉱山業に転じたことは「ファウストの世紀」つまり錬金工房で黄金を作り出し、コロンブスが黄金を求めて船出する大航海時代の開始と一致していた。

　だが、もう一つの遠因があった。それは当時の腐敗したカトリック教会に対する改革の要求がルター自身の生活経験のさなかに自覚されてきたことである。それはまず彼自身の宗教的な救済にかかわる問題として自覚され、やがて宗教改革的な認識の開眼となっており、ここからすでに彼独自の教えである信仰義認論が形成の途についた。

ところで宗教改革の直接の原因は、贖宥状（免罪符）の大々的な販売であった。この贖宥や贖宥状とは何であろうか。当時のカトリック教会は一般信徒のためにさまざまな儀式や制度を制定していた。その中に「悔い改め」のサクラメントがあった。この制度はグレゴリウス一世以来の伝統となっていた儀式であって、その中身は次の三つの要素から成り立っていた。すなわち(1)「痛悔」と呼ばれる、犯した罪に対する心からの悔恨と、(2)「告白」、つまり罪を衆人の前で口頭で告白する行為、および(3)「償罪」という犯した罪のために善いわざをもって弁償する行為から成り立っていた。この弁償のために巡礼に行ったり、十字軍に参加したり、罰金を払ったりした。この最後の弁済行為に中に贖宥（免罪）が加えられており、カトリック教会は教会に蓄えられているキリストと諸聖人の功徳である宝によって罪を赦免する権利をもっていると主張した。これらは教会が制定した刑罰であり、教会が発行する贖宥状は地上における罰のみならず、死後の煉獄に対しても有効であると主張された。それというのも「天国の鍵」は使徒ペトロ以来教会の掌中にあると信じられていたからである。

元来贖宥は、我が国のお守りと同様に、民衆の信心の対象であったにすぎなかった。それゆえ贖宥状は教会や市場や街頭でも売りさばかれていた。だから大学の構内で贖宥について討論しても、とくに教権を刺激するようなことではなかった。だが、時代の趨勢は大きく変化していた。とくにこれが金によってすべてを取得するような時代には教会政治の上で悪用されるようになった。マインツの大司教アルブレヒトは教皇の許可を得てローマの聖ペトロ教会の建設資金を得るために贖宥状を大々的に販売しはじめた。それを任されたのはテッツェルという贖宥説教者であった。これに対しルターは次のように批判した。「銭が箱の中へ投げ入れられて、チャリンと鳴るや否や、魂が〔煉獄から〕飛び立つと言う人たちは、人間的な教えを宣べ伝えている」と。こういう批判がいっぱい詰まっている『贖宥の効力を明らかにするための討論』という「九五箇条の提題」がルターによって作成され、ヴィッテンベルクからアルブレヒトのもとに送られ、宗教改革の火ぶたが切って落とされた。[*2]

(3)「提題」とは何か

ヴィッテンベルク大学では一般に講義と並んでロンバルドゥスの『命題集』(Sententia)の講義や古典の演習が行われていたが、それらはいずれも講義と討論によって進められていた。一般教養の講義は古典文献の祖述と、学生の暗記から成り立っており、テキストによる伝統の素材の提供と合わせて討論も盛んに行われた。したがって一五〇二年の「ヴィッテンベルク大学設立案」にも一五〇八年の「神学部規則」にも三種類の討論が定められており、神学のメイン・テーマに関するものや、古典的文献の演習と討論、さらには学位や博士号取得のための試験に相当する討論も行われていた。

ルターは初期の聖書講義のさなかに「神の義」についての新しい認識に到達していた。こうした新しい認識を得た人はだれでも、それに対する批判者が立ち上がってくるのを避けることができない。彼の場合には聖書の解釈から生まれた新しい認識を弁護せざるを得なかった。彼は自分の信仰義認についての解釈と対立する見解を中世後期のスコラ学者たちの中に見いだした。これらの反対者に対決して自己の新しい神学を確立するためには学問的討論の道が採用された。この討論を大学で公に開くためには一連の「提題」ないし「論題」を肯定的表現でもってか、それとも否定的な表現でもって、提示しておいて、それへの反対者の批判と対決しなければならない。それは今日学校で広く行われるようになった「討論《ディベート》」と同じである。そのさい教師同士の論戦もあるが、一般的には学生の訓練のために行われ、また博士論文審査のためにも討論が開催された。一五一七年にルターはスコラ神学批判のテーゼをまとめて、学生フランツ・ギュンターにそれを弁護するように命じた。これは当時としては教会当局を刺激するやや危険な試みではあったが、予想に反して実際には何らの衝突をも起こさなかった。そこで彼はその数週間後に緊急問題となってきた贖宥問題を取りあげてみた。前のスコラ神学の批判とは相違して、この問題は民衆にもよく理解され、大きな関心を呼び起こす論題であった。というのも贖宥状は至るところで売られていたからである。しかし神学的に見るならばこれはその当時さして重要とも思われなかった。ところがドイツのみならずヨーロッパの各地からの反響は絶大のものであって、これがいわゆる「九五箇条の提題」としてヨーロッパ各地に波及し、これによって宗教改革が現実に開始することになった。

その後も提題形式による討論は継続され、たとえばアウグスティヌス修道会の主催で一般に公開で開催された「ハイデルベルク討論」、またエックと論争を記録する「ライプツィヒ討論」などが歴史上有名である。これはそれ以前に大学で行われた討論形式に倣っている。このようなルター自身が関係した討論も、一五二一年までに現存するもので二二を数え、その後再開されたものを加えると六〇に至っている。この神学的な討論は当時の神学者たちにも参加を呼びかけたものであって、学術的に重要な内容が展開するばかりか、宗教改革の神学思想の形成の跡をはっきりと残している点でも貴重な資料である。

なお、九五箇条の提題には次のような「前文」が付けられていた。

真理に対する愛とそれを解明しようとする熱意からここに書き記されたことは、ヴィッテンベルクにおいて文学修士・神学修士・同地の神学正教授である司祭[*3]マルティン・ルターの司会のもとに討論されるであろう。そのため出席のうえ口頭でもってわたしたちと討論できない人たちは、不在のままに文書をもってそれを行ってくださるようにお願いする。わたしたちの主イエス・キリストの御名によって、アーメン。[*4]

それゆえこの提題は大学のどこかに掲示されたと思われるが、ヴィッテンベルクの城教会の扉に張り出されたという証拠はなく、あるのはマインツの大司教アルブレヒトのもとに手紙を付して送られた事実だけである。というのも贖宥状で得た金はまずこの大司教の手に入り、教皇庁に納入すべき巨額な金を集めるために彼が借金をした銀行家フッガーの手に入ったからである。もちろん贖宥状販売を担当したテッツェルやその他の者の手に入ったものもあった。

（4）「九五箇条の提題」における神学思想の内容

この討論の中には二つの重要な思想が含まれている。その第一は「悔い改め」の概念であり、第二は「十字架の神学」の主張である。

(1)「悔い改め」の概念　この討論の第一提題は大変有名であり、その内容はきわめて重要である。次のように言われる。

わたしたちの主であり教師であるイエス・キリストが「悔い改めよ。……」と言われたとき、彼は信仰者の全生涯が悔い改めであることを望みたもうたのである。[*5]

ルターはこの第一提題において「悔い改め」を個々に犯された実行罪に制限しないで、人間の存在全体にかかわるもの、しかも「信仰者の全生涯」にわたって行なうべきものであると主張した。またこの提題の説明の部分では、「悔い改め」とはギリシア語のメタノイアつまり「心の転換」をいい、これまでの生き方を止めて、全く他なる心をもつこと、古いアダムに死んでキリストに生きることを意味すると言う。[*6]それに対し教会が定めた贖宥は教会が定めた罰則にのみ適応されるというのがルターの主張であった。したがってルターが贖宥に反対して、九五箇条の論題をかかげたとき、教会が人々に課する処罰を何か他のものによって置き換えることができるという教会のもつ権利を、彼はいささかも攻撃しなかった。ところが現実には贖宥は、ただ教会が定めた処罰の免除にかかわるだけでなく、他のいくつかの赦罪にも関係していたことが問題となった。つまり贖宥状は同時に真に重大な犯罪にも適用され、信徒は聴罪司祭を選んで告解することによってその罪の赦しを得ていた。そのためいつしか贖宥状は教会の処罰と一般の犯罪との両方の赦免を約束するものとなった。こうして真剣な悔悟を意味する「痛悔」が単なる儀式的な形式に変化し、宗教的には形骸化してしまった。

しかもルターが攻撃したのは、当時一般に広く売られていた贖宥状ではなくて、ローマにあるサン・ピエトロ大聖堂新築のため一五〇六年と一五一四年に発行されたものであった。贖宥状の代金は大部分がアルブレヒト大司教の手に入り、教皇庁に納入すべき巨額な金を集めるために彼が借金をしたアウグスブルクの銀行家フッガーの手に入った。この贖宥状の販売はルターがいた選定候領では当時許されていなかった。彼はこの販売について間接に聞いていたにすぎない。しかし彼は贖宥の「効力」を制限するだけでなく、贖宥そのものを原理的に問題としたため、「九五箇条の提題」は罪の赦しという神学問題を論じたにすぎない印象を与えるが、実はそれを通してルターの新しい福音の理解と神学思想が明らかに輝き出ていたのである。こうして中世カトリシズムの宗教的世界全体が崩壊するほどの意義がこの提題の中に秘められていたことになる。

⑵十字架の神学　ではどのような新しい神学思想が誕生しているのか。それを次に問題としてみよう。この討論の後半のところでルターは、死から生への心の転換としての悔い改めがキリストの十字架において生じる、と主張する。中世を通して説かれてきた「教会の宝」というのは、教会が発行する贖宥状で獲得できるものではなく、むしろその宝は十字架であり、ここにおいてのみ真の神学は形成される。このことを第五八提題は次のように言う。「この教会の宝はキリストとその聖人たちの功績なのでもない。なぜなら、この功績は常に、教皇なしにも、内なる人には恩恵を、外なる人には十字架と死と地獄を生じさせるからである」[*7]。この提題の解説『贖宥の効力についての討論の解説』（一五一八年）でルターは彼の十字架の神学を次のように明確に説き明かしている。

今や注意せよ、スコラ神学……が採用されてから、人は十字架の神学を排斥し、すべてのものを転覆させた。十字架の神学者（つまり十字架につけられ、隠された神を語る神学者）は、苦痛と十字架と死が教会の最高最貴の宝であり、もっとも聖なる遺物であると教える。……しかし栄光の神学者（つまり使徒とともに十字架につけられ、隠された神のみを知ろうとしないで、かえって人々の間に栄光に輝く神を知ろうとする神学者）は、見えるものによって見えない本質を認識し、全能にして遍在する神を見、これについて語り、またアリストテレスから意志が害悪を憎んで善にのみ向かう、しかも努力する価値ある善に向かうべきことを学ぶのである。*8

ルターによると十字架の下にのみ人は救いを経験し、良心は絶望と死から解放され、真の平安を信仰によって獲得するにいたる。これが「十字架の神学」である。それに反し神を最高善とみて善行を積む人たちは実は自己に栄光を帰している。これが「栄光の神学」である。このようにして彼は自己の新しい神学を「十字架の神学」として規定した。ここにわたしたちは彼の新しい神学の出発点を見ることができる。

こうしてカトリック教会と民衆の心とをつないでいた「悔い改め」のサクラメントを彼が批判したことは、カトリック教会の心臓部を突くほどの意義をもっていた。

（5）その他の重要な論点

討論の全体の内容について次のように七部に分けることができる。
第一部　真の悔い改めと教皇の免罪権（提題一―七）
第二部　死者のための贖宥（提題八―二九）
第三部　生きている者のための贖宥（提題三〇―四〇）
第四部　贖宥と善いわざ（提題四一―五二）
第五部　贖宥の説教について（提題五三―八〇）
第六部　贖宥に反対する平信徒の考察（提題八一―九一）
第七部　間違った平安とキリストの十字架（提題九二―九五）
その内容には次のような重要な問題が含まれていた。
第一部は真の悔い改めと教皇の免罪権について論じている。その第一提題では先に述べたように「信仰者の全生涯が悔い改めである」ことが強調された。ここにある「悔い改めなさい」(Poenitentiam agite）というラテン語を当時の人々が聞くと、それは「悔い改めのサクラメントを受けなさい」と理解され、宗教的な儀式への参加が促された。それに対しルターは「悔い改め」とはギリシア語の「メタノイア」（心の転換）を言い、これまでの生き方をやめて、全く他なる心をもつこと、古いアダムに死んでキリストに生きることを意味し、しかもそれは「全生涯」にわたって継続されなければならないと説いた。ところで人文主義の王者エラスムスの『校訂　新約聖書』を参照すると、メタノイアは「心を再び立て直すこと」（resipiscentia）としてすでに改訳されていた。ルターがこれを利用したことは明らかである。[*9]

第二部は死者のための贖宥が無意味であることを論じている。第八提題は「教会法の悔い改めについての規定は、ただ生きている人に対してのみ課せられており、死者に対しては同じ法によって何ものも課せられるべきではない」[*10]と言う。当時死者はダンテの『神曲』に述べられているように現世で犯した罪を煉獄で清めなければならないと考えられていた。だから煉獄は火で罪を清める「浄罪火」を意味した。しかし死者には永遠者なる神が関係しており、教皇の支配は及んでいないとルターは批判する。

したがって第三部では、生きている者のために贖宥があると論じられ、しかも教皇が罪に定めた罰だけが「キリストと教会の諸聖人の宝」によって赦されるにすぎないと説かれた。ルターは教会の科する処罰が他のものによって置き換えられうるという教会のもつ権利を攻撃したのではない。ところが現実においては贖宥はただ教会が定めた処罰の免除にかかわるだけでなく、他の犯罪の赦免にも関係していた。事実、贖宥状は同時に重大な犯罪にも適用され、信徒は聴罪司祭を選んで告解することによって、その罪からの赦免を得ていた。こうしていつしか贖宥状は教会の処罰とその他の罪責の両方の赦免を約束するものとなった。

第四部では贖宥と善いわざとの関係について論じられ、贖宥が愛のわざに優先されてはならないと警告された。また第五部では贖宥の説教について批判され、第五三提題では「贖宥が説教されるために他の諸教会においては神の御言葉が沈黙するように命ずる人たちは、キリストおよび教皇の敵である」[*11]と見なされ、聖書の言葉の重要性が強調された。さらに第六部では贖宥に反対する平信徒の考察が取りあげられ第八一命題で「このような気ままな贖宥の説教は、讒訴《ざんそ》や平信徒たちの鋭い質問から教皇に対する尊敬の念を救い出すのを困難にしている」と皮肉られ、第八二提題は「大聖堂を建設するためのもっとも汚れた金でもって、つまりもっとも僂い根拠でもって、莫大な数の魂をあがなうとしたら、どうして教皇は至聖なる愛や魂の最大の困窮のために、つまりすべての中でもっとも正当な根拠のために〔罪をあがなって〕煉獄を空にしないのか」[*12]と皮肉を込めて批判された。

終わりの第七部では「間違った平安とキリストの十字架」が論じられ、第九二―九三提題では「キリストの民に向かって〈平安、平安〉と語るすべての預言者どもは立ち去るがよい。そこに平安はない。キリストの民に向かって〈十字架、十字架〉と語るすべての預言者たちは幸いである。そこに十字架がない」[*13]と力説され、ここに彼の新しい思想「十字架の神学」が展開する。

この「九五箇条の提題」は「贖宥の効力」について論じたものであるが、その中にはあからさまに贖宥説教者が批判され、それによって教皇も間接的に批判されていた。こうして第五〇提題では「もし教皇が贖宥説教者たちの収入を知っているなら、彼は聖ペトロ教会が彼の羊たちの皮、肉、骨でもって建設されるよりも、灰燼に帰すほうを選ぼうとすることを、キリスト者は教えられなければならない」[*14]と皮肉られ、続いて教皇に対する要望が次のように間接的に告げられる。「贖宥の演説家らがその大多数の者から金銭をだまし取っている当の人々に対し、教皇が〔当然なすべきであるように〕聖ペトロ教会を売却してまでも、自分の金から分与したいと願っていることを、キリスト者は教えられなければならない」（第五二提題[*15]）とまで皮肉な提言がなされた。

この討論の中には先にも指摘したような「悔い改め」についての優れた見解が見られるばかりか、宗教改革者としての新しい主張である「十字架の神学」が含まれていた。ルターによると心の転換として悔い改めが生じるのは、キリストの十字架によってであって、教会が発売した贖宥状によるのではない。つまり諸聖人が蓄えた「教会の宝」では真の悔い改めに至ることができない。教会の宝はキリストの十字架であり、ここにおいてのみ真の神学は形成される。それゆえ「十字架の神学者は苦痛と十字架と死が教会の最高最貴の宝であり、もっとも聖なる遺物であると教える」と説かれた。したがってわたしたちもルターに倣って主の十字架の苦痛と死を担った歩みを続けなければならない。こうして宗教改革の信仰に立ち帰ることは、多くの苦難を通して新しい世界を造りあげていくことに他ならないといえよう。

終わりに

イエスは「もし、からし種一粒ほどの信仰があれば、この山にむかって、〈ここからあそこに移れ〉と命じても、そのとおりになる」（マタ一七・二〇）と語ったことがある。ルターの「九五箇条の提題」は大きさにするとA3の紙一枚に印刷されたもので、まことに「からし種一粒」にすぎない小片であった。二年後に印刷されたドイツ語版でも一六頁の小冊子に過ぎなかった。ところがこれが宗教改革というヨーロッパの精神史を大転換させる出来事となっていったのである。今年は宗教改革の五〇〇周年に当たっており、わたしもこれまで行ってきた研究を含めて本書で宗教改革の意義を再考してみたいと考えている。それと並行してこれまで何度か試みては挫折した難解な『ラトムス駁論』（一五二一年）の翻訳を完成させたいと願っている。というのは宗教改革を再考することは、信仰の源泉に帰ることであって、それも彼の足跡を原典の中に探求することを意味するからである。

注

＊1　ロー『ルター論』渡辺茂訳、聖文舎、一九六六年、一七頁。
＊2　ルター『ルター神学討論集』金子晴勇訳、教文館、二〇一〇年、八六頁。
＊3　原典ではRPとあってReverendus Paterの略語である。「神父」や「司祭」を意味する。
＊4　ルター、前掲訳書、八二頁。
＊5　ルター、前掲訳書、八三頁。
＊6　エラスムスの有名な『校訂　新約聖書』第二版を参照するならば、「心を再び立て直すこと」(resipicentia) としてのメタノイアの語義を初めて世界に示したのはエラスムスであることは明白である。
＊7　ルター、前掲訳書、八九頁。
＊8　Luther, WA 1, 613, 21–25; 614, 17–22.
＊9　詳しくは「『贖宥の効力についての討論の解説』の序文における〈悔い改め〉」ルター、前掲訳書、三一四—三一六頁参照。
＊10　ルター、前掲訳書、八四頁。
＊11　ルター、前掲訳書、八九頁。

＊12　ルター、前掲訳書、九一―九二頁。
＊13　ルター、前掲訳書、九三頁。
＊14　ルター、前掲訳書、八八頁。
＊15　ルター、前掲訳書、八八頁。

2　ルターは「宗教」で何を理解したか

はじめに

ヨーロッパ近代の初頭に活躍した宗教改革者マルティン・ルターは、歴史に大きな足跡を残し、今日に至るまでドイツのみならず全世界において、その思想と活動が絶えず顧みられてきた。その姿は、実際、その著作全集であるワイマール版に収められたものを見ると、巨人像のような偉容をもってわたしたちに迫ってくる。ところが一般の人々にはわずかに知られているにすぎず、ヨーロッパの歴史ではきわめて重要な位置を占めているため、歴史家は研究せざるをえないが、それも政治史に関することだけで、思想の内容にまでは至っていない。したがって一般的にはヨーロッパ史の教科書に言及される有名な人物であっても、その実像は、なかでもその卓抜した思想は、ほとんど知られていない。

ルターの実像に関しても実はこれまで変化してきた。たとえば一般的には彼はこれまで「信仰の英雄」として理解され、称賛されてきた。ヴォルムスの国会で自分の著作を取り消すように求められたとき、彼は「わたしはここに立っている、わたしはほかになしえない」(Hier stehe ich, ich kann nicht anders）と語ったと言われる。この発言は実に世界史の転換をもたらしたもので、人々はここに「信仰の英雄」の姿を見いだし、たとえば内村鑑三の『ルーテル伝講演集』に見られるようなルター像を生みだした。次の世代になると、彼をキリスト教の真正な教義を確立した改革者とみる「教養の改革者」の姿が立ち現われてくる。たとえば佐藤繁彦の『ローマ書講解に現れたルッターの根本思想』や北森嘉蔵の『宗教改革の神学』がこれを代表する優れた研究である。

だが、今日では時代状況がすっかり変わってしまい、新たに第三のルター像が求められているといえよう。それは倫理、政治、経済、歴史、文化にわたる広範な領域に問題を投げかけた改革者像であって、たとえばマックス・ヴェーバーが開拓した、新しい職業観と近代社会との関係などの研究が典型として挙げられる。そこには、一つの際立った改革者像が、時代と対決しながらルターが果敢に挑戦した、「挑戦者」像として浮かび上がってくる。この「挑戦」という態度には、ルターが直面した世界と対決する側面と、それを批判するばかりか、改造しようとする積極的な応答の側面が含まれている。事実、ルターは、個人的な生き方においても、社会的な行動においても、窮地に立ったとき、時代精神と対決して果敢に真理を探究し、その成果を発表し、また、実践しようとした。

それゆえ今日では歴史研究が広範にわたって展開され、ルターの思想においても、歴史学、人間学、社会学、政治学、経済学、教育学、医学などの観点からも解明されるようになり、ルターの再評価がなされている。

わたし自身は最初から一般的な哲学の視点、とりわけ人間学の観点からルターの研究をめざして励んできた。だが同時に人間学のヨーロッパにおける歴史的展開の研究にも永らく携わってきたたばかりか、人間学それ自身の研究も行ってきたので、これまで試みられたことがない新しい観点からルターを理解するように努めてきた。とりわけ人間学の基礎に認められ、歴史的にも重要な意味をもつ「霊」(spiritus; Geist) とその作用である「霊性」(spiritualitas; Geistigkeit) の研究を今日に至るまで続けてきた。この霊はルターの場合には「信仰」と同義に解されているが、信仰は何を信じるかという「信じる対象」を意味するばかりか、その機能によって対象が信じられる主体の側での働きをも意味する。信じる対象は神の存在とその教えであるが、信仰する作用つまり信仰の内的な機能は霊性と呼ばれる人間の心の働きである。[*1]

ところで信じる仰対象はキリストとその教えであって、それは「イエスがキリストである」という宣教内容を含む教えを指しており、歴史上ニカイア・カルケドン公会議によって定められた信条、とりわけ「使徒信条」として示される。これはその後変わらないキリスト教の教義である。ところでこの信仰の第一の側面は理性的にある程度は伝達できるのに対し、信仰の第二の側面は理性による理解を超えており、どうしても信仰の霊的な理解力に頼らざるをえない。また教義はそれ自体変わらないとしても、信仰作用のほうは歴史の経過とともに絶えず変化してきた。そこに個々人の信仰の主体的な真理が霊性の作用によって豊かな歴史的な展開を見せている。

（1）ルターの宗教は「良心宗教」である

そこでこの「霊」との関連でルターは「宗教」によって何を理解したかを問題にしてみたい。この問題は今からちょうど一〇〇年前の宗教改革四〇〇年記念祭にドイツの神学者カール・ホルが行った講演「ルターは宗教で何を理解したか」と同じ題である。彼はその講演でルターの宗教が「良心宗教」であることを強調した。同じ年に内村鑑三は先に挙げた著作のなかでルターの宗教を同じく「良心宗教」であると説いた。これは偶然であろうかというと、実はそうではない。というのもルターの著作には人間の心のことが「良心」という言葉でどこにおいても繰り返し表明されているからである。この良心という言葉は「神の前に立つ自己」と言い換えることができる。こういう自己のあり方を聖書は「霊」(ルーアッハ、プネウマ)と、アウグスティヌスは「心」(コル)と、ルターは「良心」(コンスキエンティア、ゲヴィッセン)と、シュライアーマッハーは「心情」(ゲミュート)と呼んでいる。この良心という観点からルターは宗教をどのように理解するようになったか。これを問題にしてみよう。

そのためには彼が青年時代にどのような救いの体験をもったかを考察しなければならない。そこで彼の自伝的文章を取り上げてみよう。

(1) 自伝的な文章と信仰義認論

ルターはラテン語版全集の序文でどのように救済を求めていたかを次のように印象深く「良心」という言葉でもって語っている。

わたしは修道士という非難されない生活をしていたにもかかわらず、神の前には極度に不安な良心をもつ罪人であると感じた。そして神はわたしの罪の償いによってなだめられるという確信がもてなかった。同様にわたしは、この義にしてかつ罪人を罰する神を好まず、かえって嫌っていた。……神は福音によってさらにわたしたちに神の義と怒りを向けなければならないのか。わたしは良心が動揺し混乱しているあいだ無我夢中であった。[*2]

この短い引用文のなかでも良心という言葉が二度もつかわれ、どんな良心かというと、それは「不安な良心」であると言う。アウグスティヌスが『告白録』の冒頭で「不安な心」について語っていて、その著作を解く鍵となる言葉となっているように、ルターも「不安な良心」からの救済を宗教的な問いの中心に据えている。この不安は「神の義」の理解と関連して立てられ、それに対する回答が、他ならない信仰義認論なのである。そうしてこれが彼の神学思想の中心に置かれるようになった。

この救済体験は塔のある建物で起こったので一般には「塔の体験」と呼ばれてきた。その体験の重要さからそれは宗教改革的な認識の開眼とも言われる。そのさいこの認識の内容は続くルターの自伝的文章では、「信仰による受動的な義」として表明された。ここにある「受動的」(passiva)というのは、当時のカトリック教会が誤解したように、単なる受け身的な態度を意味するものではない。だからこれを「受け身の義」[*3]と訳すことはできない。それはむしろ進んで受容する働きを言う。なぜなら信仰には神の義を恩恵として受容する作用が含まれているからである。

(2)「受動的な義」とは「受容的な義」を意味する

わたしたちは神と人との人格的な出会いにおいて起こっている出来事を正しく理解すべきである。ルターは神との全人格をかけての出会いからすべての思想を形成していった。そこにはマルティン・ブーバーが次のように説く、独自の受動と能動の関係が見いだせる。

わたしが汝と出会うのは、汝がわたしに向かいよってくるからである。だが、汝との直接的な関係のなかへ歩みいるのはこのわたしの行為である。このように、関係とは選ばれることであると同時に選ぶことであり、受動であると同時に能動である。なぜなら、およそ存在の全体をかけた能動的行為においては、あらゆる部分的行為は止揚され、したがって——たんに部分的行為の限界に根ざしているにすぎぬ——あらゆる行為感覚も止揚されてしまうので、その行為の能動性は受動に似たものになってしまうからである。[*4]

出会いや対話においては相互性が充実してこそ生きた関係が生じる。そこでは受動と能動はそれぞれの側で交替して現われ、他者に対して受動的にして能動的である行為が認められる。神との関係における自由意志も神の恩恵に対し受動的でありながら、受容する行為において神に積極的に関係する。そこでは神の恩恵を自由意志の力によって獲得する功績思想は最初から退けられて、「神との関係で純粋に受動的である」(purus passivus respectu Dei) ことが強調される。[*5] しかし、この受動には「古い人間の更新や変革」(innovatio et transmutatio) が同時に語られている。行為としては何も自由意志によって生じないが、更新や変革は神の力を受容する働きによって生じる。[*6] なお、この受容機能が人間には備わっている点をルターは『奴隷意志論』においても認めていることを補足しておきたい。[*7]

(2) 信仰の受容作用と変容作用

さらにこの受容作用には同時に変容作用が伴われており、新生という改造の働きが同時に起こってくる。そこから信仰は他者や社会に対して実践的に働きかける愛の創造作用となる。これらの点を明らかにするために、受容作用には感得作用が先行している点と受容作用が変容と改造の作用を内蔵している点を一般的な事例に則して考察してみよう。

一般的に言って何かを受容する作用にはまず受容内容の意義を感得する作用が先行している。そのさい感得というのは単なる身体的な外的感覚を指すのではなく、あるものの必要性を心の奥深くに感じとる作用を言う。それはパスカルが「心情の直観」について次のように語っているときに明瞭である。「われわれが真理を知るのは、理性によるだけでなく、また心情によってである。……それだから神から心情の直感によって宗教を与えられた者は、非常に幸福である」。[*8] この心情の直観は宗教の真理を認識するさいに重要な働きをする。「神を直感するのは心であって、理性ではない。信仰とはそういうものなのだ。理性ではなく、心に感じられる神 (Dieu sencible au coeur)」[*9] と言われているように、心情の直観は思惟 (pensee) でありながら、神を愛する傾倒、つまり篤信 (厚い信仰) なのである。したがって心情の直観は「信仰の目」とも呼ばれる。このような心情はドイツ神秘主義者タウラーでは受容性を意味する「霊」の作用と同義であって、信仰と同義の霊は神に対しへりくだって恩恵を受容する働きを発揮するといえよう。

ところで信仰によって神の愛を受容した者は必ず自分の生活を変容させる。洗礼を受けた人は古い生き方を捨てて新しい生き方に方向転換する。そうした生活上の全面的な変化を伴うのが回心と言われる宗教の現象である。ルターが力説した罪人が義人と認められる義認は、神が罪人に下す「宣義」(義人であると宣告する)と言われるように無罪放免であっても、そこには同時にこの変容と改造が始まっている。それゆえ彼は信仰義認を説いたが、同時に聖化の開始をも認める。というのも信仰が「生の転換」(mutare vitam)をもたらすからである。[*10] こうして信仰は神の恩恵に対する絶対信頼という純粋受動でありながらも、同時に罪なる自己に死んで罪を駆逐する活動でもある。また、このような信仰の二重の運動のゆえに、キリスト者の存在は絶えざる生成のうちにある。ルターは内的人間の形成過程をこのような信仰の内的構造もしくはダイナミックス(動態)から考察し、信仰とは受容しながら自らも変容する運動であると説く。[*11] だから内的人間は信仰においてキリストの中に神の恩恵を捉え、自己のものではない全く他なる義を受容し、自己変革を起こしながら自己を改造する。この意味で彼は「悔い改め」の真義が「転換」(メタノイア)であり、自己改造であることを主張してやまなかった。[*12] この信仰は彼の考えでは霊と同義である。それゆえキリストを「受容」することは人間が内的に自己変革を起こす「変容」を内蔵させていることになる。

(1) 受容と変容作用は愛の創造作用を内蔵する

さらにこの受容と変容は愛の創造作用を内蔵している。このことは『キリスト者の自由』の結論の部分を見ると明瞭になる。彼はこの著作で最初キリスト者を相対立する二命題でもって規定する。第一命題は「キリスト者はすべての者の上に立つ自由な主人であり、だれにも従属しない」というものである。第二命題は「キリスト者はすべての者に奉仕する僕〔つまり奴隷〕であり、だれにも従属する」である。[*13] 二つの命題によって「自由な主人」と「奉仕する僕」という矛盾した生き方をキリスト者は同時にもっていることが示される。そこで彼はこの矛盾を内的な信仰と外的な愛のわざとに分けて論じてゆき、この書物の終わりのところで、キリスト者は福音信仰によって神から自由を授けられており、「キリストと自己の隣人とにおいて、すなわちキリストにおいては信仰を通して、隣人においては愛を通して生きる」[*14] と説いた。そのさいに彼はキリスト者は「もはや自分自身のためには生きない」との重要な付帯条件を明示した。つまりパウロが言うようにキリスト者は「自分のもの（利益）を求めない」（一コリ一三・五参照）。そうするとキリストに対しては信仰が、隣人に対しては愛だけが残ることになり、キリスト者は信仰と愛とに同時的に生きることにならざるをえない。これが信仰作用が愛の作用を内蔵しているという意味である。

(2)「省察」（meditatio）の意義

このような思想は霊性的であって、感性によっても理性によっても把握されることがない。だが、それは理性的ではないと彼によって言われる「省察」の働きによって理解にもたらされる。ルターは次のように言う。

省察の能力は理性的ではない。というのも省察とは注意深く、深淵的に、熱心に考えることであり、心において沈思熟考することを本来意味するからである。それゆえ、いわば中心に向けて追い立てること（in medio agitare）、あるいは中心や最深部（intimus）そのものにおいて動かされることである。それゆえ内心から熱心に考え、探求し、論じる人は省察している。[*15]

ここにある「最深部」というのはドイツ神秘主義の「魂の根底」（Seelengrund）に近い表現である。また人間のこの深部が詩編（七・一〇）の「心とはらわた（sinus）」という表象において捉えられ、それは「隠れ家」や「空洞」を意味し、「根底」の考えに接近している。もちろんこうしたドイツ神秘主義に特有な「根底」概念は直接タウラーから受容されているが、ルターはそれを「霊」（Geist）で表現している。そうはいってもこの種の神秘的な傾向は彼にはタウラーを知る前から認められる。[*16]

（3）人格的な授受の関係と信仰義認論

さて、ルターは神と人との根本的な関係を神が恩恵を授け、人がこれを受けるという授受の関係によって把握した。それは「神の活動は人の受動である」[*17]という命題に端的に表明される。神がその活動によって授けるものを人間は受容するというのがその意味であって、神と人との正しい関係は「授受」によって規定される。これこそルター神学の真髄とも核心とも言うべき中心思想である。これがどのように起こってくるかが授受の関係でもっとも重要な関心事であるが、それは『キリスト者の自由』では彼の信仰義認論の背景にあるキリストと魂との「喜ばしい交換」として説かれた。そこには一般に起こっている人間関係と正反対の「逆対応」とか「超過の論理」とかいう思考がみられる。*18

ルターは義認思想が成り立つ最終的な根拠を「喜ばしい交換」に求めたが、「喜ばしい」という歓喜の境地はルドルフ・オットーの「戦慄すべき秘儀と魅するもの」の中の「魅するもの」に相当するように思われる。

もちろん、こういう歓喜や法悦の境地というものは「戦慄すべき秘儀」を前提としている。オットーによるとこの戦慄すべき秘儀はつねにルターの信仰の「暗い下敷き」（オットー）として前提される。そこには若き日に経験した生と死にかかわる根本経験が先行している。たとえば『修道の誓願について』（一五二一年）の「序文」にはこの書を父に献呈する旨を述べたところで、彼は父の意志に反して修道士にならざるを得なかった事情を説明し、さらに友人に説得されて父との和解が一応成立した頃のことを想起して次のように言う。

とても明瞭に残っている記憶によってわたしは思い出すのです。すでにあなたが和解してわたしと語ったころ、わたしもまた天からきた驚愕によって呼び出されたと確信していました。なぜなら、わたしは好んで、また憧れて修道士となったのではなく、まして口腹の欲のために実際そうなったのでもなく、突然、死の恐怖と苦悶に囲まれて、自発的でない強制的な誓約を立てたからです。その頃あなたは妄想と狂気でなければよいがと言いました。[*19]

修道の誓約が思いがけない突発的な出来事であったこと、しかもそれが自分の発意によるのではなく、神からの直接的な干渉によって、つまり彼の側から見ればどこまでも受身的に生じていることがこの文章によく示されている。この記述はもちろんシュトッテルンハイム近郊の落雷の経験を指しているといえよう。おそらくその実情は激しい雷雨を伴った落雷という予想外の出来事に直面して彼が聖なる神とその現臨を感得することによって起こった経験ではなかろうか。そこには鋭敏な霊的な感受性が認められよう。これがオットーの言う「戦慄すべき秘儀」であって、これこそ宗教に不可欠な前提であるといえよう。このように彼は畏怖すべき神によって圧倒されたのに、その同じ神によって救われるという経験をもつようになった。ここから救済体験に「魅するもの」という歓喜と法悦の境地が加わることになる。これこそルターの宗教観の真髄であって、それが「逆対応」や「超過の論理」として表現されるようになった。[*20]

（4）ルターは「宗教」で何を理解したか

終わりにルターの宗教観を述べてみたい。キリスト教がローマ世界でギリシア思想と出合うことによって、人格主義とは異質な人間観が入ってきた。それは宗教の定義に明瞭に表われる。「宗教」

(religio) という言葉にはアウグスティヌスが『真の宗教』の末尾に言及しているように、古くから二つの定義の仕方があった。キケロは汎神論の立場からそれを「再び読む」(re-legere) と捉えて神の出現を見守ると理解したが、ラクタンティウスはキリスト教人格主義の観点から「再び結びつく」(re-legare) と解釈した。

汎神論はアニミズムのような自然界に霊的な存在を認める宗教の原初的形態であるが、それとは別に万有に神が偏在するという「万有内在神論」(panentheism) がある。キケロはこれに属する。彼によって神は非人格的にすべての人がともに礼拝すべき普遍的な存在として説かれた。もちろん自然に内在する神々は人間の世界にも関わりをもっている。そうでなければ誰も宗教的感情をもつことはできない[*21]。そこで哲学者たちも「神々が人間生活に心を砕き、配慮を行っているとさえ考える」が、「たとえば、穀物をはじめとする大地の産物、これらを実らせ成熟させる天候や季節のうつろい、天の運行といったものは、いずれも不死なる神々が人間に授けた恩寵にほかならない」と説かれた[*22]。

ここには神と人との間に世界や自然が置かれ、これらを通して両者の関係が規定される。ここからわが国の神道のような非人格的な神の理解が発生する。したがって自然を媒介とする神と人との関係が説かれた。そこでキケロは自然を通して宗教に関わっている人々の敬虔な生活を観察することからはじめ、宗教を次のように定義する。「神々への信仰にかかわるあらゆる問題を注意深く再検討し、いわば〈読み直す〉(relego) ことを行った者たちは、この〈読み直す〉行為にちなんで〈敬虔な者〉(religiosi) と呼ばれたのである[*23]」。このように彼は信仰に関わる問題について注意深く検討する行為を宗教として認めた。こうして宗教とは神々の存在をその現象形態に即して注意深く考察することであると定義された。このような自然力を神と見る汎神論や世界を通して神を理解する万有内在神論からヨーロッパにおける形而上学的な神の理解が生まれてきた。

ルターの時代にもこのような宗教思想が説かれており、その代表がディオニシオス・アレオパギテースであった。彼はこの神秘思想を初期の著作『ローマ書講義』(一五一五―一六年)で批判し、その誤りの本質を次のように指摘した。

このことは神秘神学にしたがって内なる闇の中に入っていこうと努力し、キリストの受難の姿を見捨てている人々のことを言っている。彼らはまず初めに受肉した御言葉によって義とされ、心の眼を清められようとしないで、造られたのではない御言葉(Verbum increatum)そのものを聞いて観照しようと願う。というのは、まず、心を清めるために受肉した御言葉が必要なのであって、清めを得てから遂に受肉した御言葉によって造られたのではない御言葉に向かい拉し去られる(rapi)。……要するにこの拉致(raptus)は「接近」(accessus)とは呼ばれない。[*24]

ルターは目には見えない神のもとに連れ去られる神秘的な拉致体験を一応は認めながらも、それが受肉した御言葉によってのみ可能であると言う。ディオニシオスの神秘神学を彼が批判するのは、ディオニシオスが「キリストの受難」を無視して受容していない点であり、キリストによって義とされ心が清められないままで、直接的に神に「接近」しようとすることである。ルターにとって神のもとに連れ去られる「拉致」とは「信仰の明断な認識に向かう精神の拉致[*25]」とあるように、信仰の内部において起こる動きにほかならない。それゆえ「拉致」はディオニシオスのような神秘主義者が説いている神秘的「接近」ではないといわれる。彼の宗教は神と人との人格的な授受の関係で成立するものであることが、ここからも明瞭に知られる。

終わりに

わたしは大学二年生のときルドルフ・オットーの『聖なるもの』を読んで、宗教体験の現象学的な解明の重要さを学んだ。この著作はルターの神体験にもとづいて展開していた。しかし、この著作の後半に展開する宗教心の心理学的な説明をどうしても納得できなかった。わたしの学生時代に流行していた主体的な宗教へのアプローチが見られないことに不満を覚えた。その後マックス・シェーラーの『人間における永遠なるもの』所収の『宗教の問題』という論文によって、宗教の機能を「宗教的な作用」として学び、それを霊性の観点から解明するようになった。この点に関してはルターから多く学ぶことができた。ルターの宗教体験にはオットーの言う「戦慄すべき秘儀と魅するもの」との関連が見事に展開していることを知り、宗教心を霊性の作用として解明するようになった。

注

＊1　このような信じる対象と信じる作用との二面が、ヨーロッパの中世思想では fides quae cretitur と fides qua cretitur によって言い表わされてきた。

＊2 Luther, WA 54, 185, 17ff.

＊3 ルター『ガラテヤ書大講解』徳善義和訳、聖文舎、一九八五年ではすべてこのように訳されている。

＊4 ブーバー「我と汝」田口義弘訳『対話的原理Ｉ』みすず書房、一九六七年、一七頁以下。

＊5 Luther, WA 56, 218, 13ff.

＊6 この点に関し詳しくは金子晴勇『近代自由思想の源流』創文社、一九八七年、三六六―三七一頁参照。

＊7 金子晴勇、前掲書、三六八頁参照。

＊8 パスカル『パンセ』L二〇、Bl一八二、前田陽一・由木康訳「世界の名著24 パスカル」中央公論社、一九六六年、一八二頁。

＊9 パスカル、L四二四、B二七八、前掲訳書、一八一頁。

＊10 Luther, WA 8, 109, 21-25 参照。ルターにおける感得作用 sentire については WA 40, II, 328, 30-33 参照。

＊11 わたしは以前『ルターの人間学』の八二―八六頁ではこの事態を「転換的主体化」として解明した。

＊12 ルターの有名な「九五箇条の提題」の第一条を参照。

＊13 Luther, WA 7, 38, 6-8.

＊14 Luther, op. cit. 21, 1-4. こうしてキリスト教的な自由とは結局「自己自身において生きない」(lebt nit ynn yhm selb) ような「自己からの自由」であると考えられ、この自由がないなら「信仰」も「愛」もなく、ただ自己主張の罪だけがすべてを支配することになる。

＊15 Luther, WA 3, 19, 24-30.

＊16 金子晴勇『ルターとドイツ神秘主義』創文社、二〇〇〇年、一八〇―一八五頁参照。

＊17 Luther, WA 57, Gal., 31, 19: Actio Dei est passio nostra.

＊18 詳しくは本書第七章「ルターの義認論再考」を参照。

＊19　Luther, WA 8, 573, 30f.
＊20　詳しくは本書第七章「ルターの義認論再考」を参照。
＊21　キケロ『神々の本性について』山下太郎訳「キケロー著作集11」岩波書店、二〇〇〇年、六頁。
＊22　キケロ、前掲訳書、六―七頁。
＊23　キケロ、前掲訳書、一三四頁。
＊24　Luther, WA 56, 299, 27-300, 8.
＊25　Luther, WA 4, 265, 32: raptus mentis in claram cognitionem fidei.

3　改革者たちに共通する問題は何か

——学問と伝統の意義

はじめに

どんな人物であっても歴史の中に生まれてくるのであるから、その時代に拘束されており、時代に特有な問題に巻き込まれる。それでは宗教改革者たちはどのような思想状況の中に生まれ、その影響を受けながら新しい改革思想を形成したのであろうか。彼らは思想家であって、政治家ではなかったから、特殊な政治環境に触れる前に、わたしたちはその時代一般の精神状況を考えてみよう。

わたしたちが考察する宗教改革者たちは、一五世紀の終わり頃から一六世紀の中葉にかけて活躍した人たちであり、その代表者はエラスムス、ルター、カルヴァンの三人であって、彼らは皆、ヨーロッパのルネサンス時代に起こってきた精神運動に参加し、キリスト教会の制度を改革し、信仰を復活させることが共通の主題であった。「エラスムスが卵を産んで、ルターがこれを孵化《ふか》した」と当時から言われていたように、彼らは共通の問題意識をもっていたが、その思想には時代の変化と運動の推移に応じて相違点が認められる。したがって彼らは同じ状況と同一の問題を共有していても、そこに生じた時代の変化によって異なった行動の仕方がとられるようになった。こうして数学におけるような同一問題に対する同一の解答といったものは、ここにはない。同じ問題に一つの正解しかないのは数学に見られる現象であるが、歴史と社会に密接に関わる文化現象ではさまざまな回答や応答が連綿として継起しており、そこには回答の多様性と並んで豊かな可能性も秘められているといえよう。

したがってわたしたちが思想の歴史を研究してみると、同じような基礎となる経験をもちながらも、それにどのように対処するかに応じて、多様な思想が生じうることが判明する。それゆえ思想を歴史の産物とみなして、社会―経済的な下部構造から考察し、思想をその観念的反映であると一義的に規定することはできない。わたしたちは思想の多様性をもたらす源泉を世界にかかわる人間の個性的な態度に求めるべきではなかろうか。いかに世界に自覚的にかかわるかが決定的な意義をもち、そこから思想の方向性も生じてくる。また同じ時代環境と言っても時間差も温度差も認められなければならない。したがって同じような時代環境に生まれても、そこから宗教改革者たちの思想の基礎にある経験は相違してくるし、思想の性格も相違してくる。かつては彼らの思想の相違点が強調されたが、今日は彼らの思想の多様性と豊かさを再考すべきときなのである。

少し前まではこれら三人の改革者のいずれかから他の改革者を批判することがよく見られたが、それは今日の無宗教の時代では無意味である。もちろん宗教改革時代に支配的であった学問運動は改革者たちにとって共通するものであった。ところがこの同じ学問を改革者たちはそれぞれ受容しながらも、多様な思想を生みだしたのである。そこで同じ時代に共通する学問状況を概観してから、宗教改革者がそれぞれどのように個性的に自己の思想を確立していったかを、ここでは再考してみたい。

宗教改革を再考するといっても、もちろん宗教改革の精神運動をどのような観点から考察するかによって、かなり相違した解明がなされるであろう。たとえばキリスト教の神学者が考察する場合、世俗的な歴史家が把握する場合、またわたしのように哲学、とりわけ人間学の観点から考察する場合では、結論は変わってくる。実はこのことによって宗教改革の多様性と豊かさが解明されることこそ今日では意義があるといえよう。[*1]

(1) 宗教改革時代の三つの精神的潮流

三人の改革者たちは一五世紀の後半から一六世紀の中葉まで活躍したが、カルヴァンは同じ時代であっても宗教改革の第二世代に属している。そこでここではエラスムスとルターに限って考えてみたい。

彼らはどのような文化的な世界に生まれたのか。エラスムスやルターが置かれた精神史的な環境は中世的色彩の濃い教会生活と教育が行なわれていた時代であり、彼らは幼少年時代に中世的な家庭教育と学校教育を受け、修道院や大学に入ってから人文主義の影響を共通に受けている。エラスムスはその後イギリスに渡りイタリアで学んだ聖書学者コレットの影響を強く受け、キリスト教人文学の確立を志した。それに対しルターはエルフルトの修道院でオッカム主義の神学教育を受け、求道を続けている。エラスムスがイタリアで四年間学習し神学博士となっているのに、ルターは修道院で教えていた頃ルネサンスの花咲くローマに旅行したが、その美術にはすこしも関心を寄せず、ルネサンスの現世的文化に全く背を向けていた。とはいえルネサンスのドイツ的形態たる学問的なドイツ人文主義の洗礼を彼も受け、後にはこれを神学教育に積極的に取り入れた。二世紀も続いたイタリア人文主義の運動はアルプス以北では短い期間ではあったが、エラスムスやルターの青春時代には隆盛であった。したがって一六世紀前半のオランダやドイツでは人文主義と宗教改革の時代となった。

そこで中世思想の中から一六世紀の精神史に流入してくる三つの思想運動について述べてみよう。第一の運動はルネサンスの人文主義の運動であり、第二は「新しい敬虔」と呼ばれた穏健な改革運動であり、第三はスコラ神学の内部から起こったオッカム主義の新しい学問運動である。これらがすべて三人の改革者に影響しているので、ここでそれが彼らの思想形成に影響した点を指摘しておきたい。

(1) ルネサンス人文主義の運動

一六世紀の精神史的潮流の第一は人文主義であり、それは古典文学の復興によってはじまった。この運動がヨーロッパに普及した頃エラスムスはいち早くその影響を受け、処女作『現世の蔑視』を書いて、その思想的影響の跡を残している。新しい学問として人文学はイタリアではじまり、古くからフマニスタなる名称によってギリシア・ラテンの古典文学に通暁していた教師や学徒が一般に呼ばれていた。彼らは主として教育機関に所属し、古典文学の教師、また宮廷や都市の秘書として活躍した。なおフッテンのように帝国の騎士でありながらも文筆活動で有名になり、ルターの思想に共鳴した詩人もいた。しかし、やがて古典文学や哲学の再興にとどまらず、そこから一歩前進して、この学問復興を基礎にして人文主義独自の思想が生まれるようになった。こうして古典文学と直接結びついて起こったラテン語の文体や思想表現における典雅・適切・単純・明晰という一般的傾向、およびこのような教養による生活態度として円満・調和・協力・平和などを愛する精神が称揚された。そのなかでも一五世紀の中葉にロレンツォ・ヴァッラは文献批判の方法をもって「コンスタンティヌスの寄進状」の誤りを指摘し、この文書はコンスタンティヌス皇帝の時代の文書ではなく、その当時に作成された偽造文書であることを実証し、カトリック教会に対し批判的な対決姿勢をとるようになった。彼はさらに『新約聖書注解』(一五〇五年エラスムスによって出版された)において欽定ラテン語訳聖書ウルガタの誤りを指摘し、一六世紀のロイヒリンやエラスムスによる文献学的研究の先駆者となった。なお一五世紀の終わり頃活躍したフィレンツェのプラトン主義者たち(マルシリオ・フィチーノやピコ・デラ・ミランドラ)は、一六世紀の人文主義者たちに直接影響を与えている。

この人文主義の潮流も北欧に入ると性格が相違してくる。「ローマに近づくにつれて罪深くなる」とフィレンツェの歴史家マキャヴェリが語っているように、イタリアの世俗的・感傷的・エロス的な傾向から一転して、キリスト教の宗教性の基礎に立つ人文主義が形成された。この人文主義は聖書文献学に集中してきており、フランスのルフェーブル=デタープル、イギリスのジョン・コレット、ドイツのロイヒリンを輩出し、オランダのエラスムスがヨーロッパを代表する人文主義者として活躍し、宗教改革の神学思想形成に重大な影響を与えた。

ルターはエルフルト大学にいたとき、ドイツの神学者エムザーの許でロイヒリンの戯曲セルギタスの講義を聞いており、また何人かの人文主義者との交流があって、彼も古典文学に親しみ、エラスムスの『格言集』を読んでいると思われる。さらにヴィッテンベルク大学での初期の聖書講義を見ると、ルターは人文主義者の注解書を多く利用しており、ロイヒリンの詩編研究や『ヘブライ語初歩』を使用し、ルフェーブルの詩編とパウロ書簡の研究に頼って、ヘブル語の引用が行なわれた。またローマ書の講義をしている間に出版されたエラスムスの『校訂　新約聖書』（Novum Instrumentum）を早速用い、改訂の必要を認めてはいても、生涯その恩恵に浴している。

このように人文主義の影響はルターのみならず、すべての宗教改革者に、たとえばツヴィングリ、メランヒトン、カルヴァンにも及んでいる。しかしルターがエラスムスと自由意志の問題で対立したように、分裂が起こって二つの精神運動が両立から対決にまで進展したことは、宗教改革に起こった悲劇ではなかろうか。

⑵「新しい敬虔」（Devotio moderna）と改革運動

一五世紀に入ると新しい敬虔の運動がネーデルランドを中心にして活発になってきた。この運動は一四世紀の終わりに創始者ゲラルト・フローテによって霊的生活の復興をめざして開始され、主として一般信徒の交わりからなる「共同生活兄弟団」を結成し、修道士のような共同生活を営んで学校教育、病人の看護、慈善事業また書物の筆写と教育にたずさわって、人文主義運動をも促進させた。彼はデヴェンターでこの派の学校に入学し、「ドイツのペトラルカ」と呼ばれていたアグリコラの講演を聞いている。「彼こそイタリアからよき学問の息吹を最初に伝えた人である」と、エラスムスが語っているように、アグリコラは人文主義とキリスト教神学を調和させようと試みた人で、エラスムスのキリスト教人文主義の先達となっている。エラスムスの思想はここに淵源している。この運動は一般的に言って神秘主義的な傾向をもつ思想家を生みだし、ロイスブロークやトマス・ア・ケンピスの美しい思想を開花させた。この派の精神はトマスの作品『キリストにならいて』のなかに古典的表現をもって伝えられ、なによりも個人の内面的な生活を強調し、キリストの生涯を黙想し、それを模範とすべきことを説いた。

エラスムスはデヴェンターの学校で、ルターはマクデブルクの学校で、それぞれこの派の教育を受け、彼らの思想形成にすくなからぬ影響を受けた。この運動は修道会内部で起こった運動で「新しい敬虔」と呼ばれる。こういう敬虔による改革は穏健な体制内改革であり、ルターが属していたアウグスティヌス派の隠修士会は元来隠者たちの集団で托鉢によって生活を支えており、戒律を厳守していた。貞潔の誓いを含めて、戒律を遵守する徹底した敬虔による改革主義的な修道院の中からルターの宗教改革は起こってきた。またアウグスティヌス派の隠修士会からリラのニコラスのような学者が出て、説教を重んじ、初期のルターもリラの注解を多く利用している。またこの隠修士会は聖書の翻訳をも行ない、ウルガタ訳聖書からドイツ語に重訳している。一五一七年以前でも新約聖書二五版、詩編二二版、全聖書は一八版が出された。しかし教皇庁はウルガタを尊重し、聖書の翻訳を禁止した。というのは聖書の権威についての公式の見解が定まっていなかった上に、「福音」とか「福音的自由」ということばが革命的スローガンとして政治的に用いられるのを恐れていたからである。実際、こういう恐れはルターが説いた「キリスト者の自由」という言葉でもいえるのであって、宗教的自由が政治的自由と混同される危険はいつもあって、「シュワーベン農民の一二箇条」などもその典型的事例といえよう。

(3) オッカム主義の伝統

一六世紀に流入する精神史上重要な第三の潮流はオッカム主義であり、それは中世スコラ神学内部から興ってきた新しい学問運動である。これは「新しい方法」(via moderna) と呼ばれ、オッカムの学説を中心にして形成され、エルフルト大学やウィーン大学がその牙城として栄えた。ルターも「新しい学問を学ばんと欲する者はエルフルトに来たるべし」という声を聞いて、エルフルト大学に入学し、さらにアウグスティヌス派の隠修士会の修道院でもオッカム主義の神学教育を受けている。彼はオッカムを「わたしの敬愛する師」[*2] としばしば呼んでいるばかりでなく、「わたしはオッカム派に属している」とも語っていた。[*3]

一四世紀の前半に活躍したオッカムはフランシスコ会に属し、自由な精神と鋭利な論理をもって教皇政治を批判し、哲学ではノミナリズム (唯名論) の復興者として有名であった。彼は伝統的なスコラ神学の方法、すなわち神学と哲学とを階層的な秩序によって統一する方法に対してきわめて懐疑的であり、哲学の論証と宗教の信仰とを区別し、いわゆる二重真理説を確立した。なかでも神の存在証明はいかなる仕方でも論証しえず、推論により第一原因たる神に至ることも、霊魂の不死、三位一体、万物の創造、受肉などの教義も論証することができないと説いた。これは近代を代表する哲学者カントの弁証論の先駆けである。さらに倫理学の領域では知性に対する意志の優位を説いた。この点でもカントに酷似する。意志は目的達成のためになす手段の選択において自由であるのみならず、自ら一切の行動を生みだす動力因であり、自律的である。*4

人間の行為が道徳的に善であり、功績となるのは、この自由意志によって実現されたものだけであり、さらに神の意志に一致するものこそ功績となりうる。彼は神学をこの主体的意志に集中させ、神学の中心に神の全能と人間の罪や功績との関係を置くノミナリズムの伝統を形成した。このオッカムの思想を組織的に完成させたのはガブリエル・ビールであり、エルフルトの哲学者と神学者はビールの影響下にあり、ルターもこのオッカム主義によって決定的な影響を受けた。

ところでルターにとってオッカム主義は同時に超克すべき課題ともなった。それはこの学派の指導によっては救済の経験に到達できなかったからである。そのためか彼が受容した思想の優れた側面よりも、彼が苦悶の末克服した問題性の方が歴史の前景に現われてこざるをえなかった。彼はトマスの『神学大全』を修学時代に学んだ形跡がなく、当時起こってきたトマス主義者たちによるオッカム主義に対する批判も知らないままにオッカム主義の伝統を受容した。しかし彼は自分の修道会の神学としてアウグスティヌスの著作やクレルヴォーのベルナールをも同時に研究しており、やがて独自の宗教経験にもとづいてオッカム主義自身をも批判するようになった。

（2）改革者たちはどのように救済を求めたか

それでは宗教改革者たちはこのような共通な学問的な状況の中でどのように自己の思想を形成したのか。これが次に解明すべき問題である。そのためには彼らが青年時代にどのような問題を懐き、どのような救いを具体的に体験したのか、と問わなければならない。ところが迫害を受け亡命を強いられた彼らには、この問題をアウグスティヌスが名作『告白録』で詳述したように、文書の形で書き残す時間もゆとりもなかった。ではそれが全く分からないのかというと、そうでもなく、いくつかの断片的な自伝的文章と懐古的な叙述が残されている。それらを手がかりにしてこれまでも伝記的な研究が継続されてきた。問題はどこに彼らの思想全体の扉をひらく鍵となる言葉を見いだすことができるのかということである。

そのさい救済体験が福音によって与えられることは共通しているので、どのような問題を感じて求道を開始したかという点が重要となる。そこでこの出発点の違いをエラスムスとルターで比較考察してみよう。

(1) エラスムスの精神的な出発点

エラスムスの出生は謎につつまれており、出生の日付さえ一四六六年とも六九年とも推定される。出生が合法的結婚によらなかったので、彼自身自分の家系や親類関係については何も語らない。よく引用される彼の『書簡集』に収められている「略歴」もロマンチックな感動的叙述ではあるが、その信憑性は疑われ、事実にあっていない。教会法の上で無資格であった出生を教皇の特免によって解除してもらったときに、彼が提出した請願書に「瀆神的な結びつき」とあることから、非合法の婚姻による出生の事実が知られているにすぎない。青年時代のエラスムスはデヴェンターの聖レブイヌス参事会の名門校で七年間「新しい敬虔」にもとづく教育を受けている。

ところがエラスムスは青年時代を通して宗教的回心にあたる出来事を経験していない。修道院に入った動機も、立派な書物によって教養を身につけ、精神を磨くためであった。彼はその後、修道院を出て、パリに留学し、苦学しながらラテン語に磨きをかけ、ギリシア語を習い、キリスト教教父の著作に熱中する。さらに家庭教師が機縁となってイギリスに渡り、ヒューマニストのコレットに会い、聖書批評の原理とキリスト教的人文主義を学び、彼自身の生涯の使命を自覚するのであるが、それはすでに少年時代以来受けてきた「敬虔」の完成を意味していた。

(2) ルターの精神的な出発点

ルターはマグデブルクのラテン語学校の時からエラスムスと同じく「新しい敬虔」の影響を受けていたが、その出発点においてエラスムスと決定的に相違していた。たとえばルターは青年時代に二つの大きな出来事を経験した。第一は有名な「落雷の体験」であって、これがきっかけとなって修道院に入った。第二は「宗教改革的認識」をもたらした「神の義」の発見で、彼が塔のある建物の一室でそれを発見したところから「塔の体験」とも呼ばれている。

あらかじめ注意しておきたいのは、ルターに始まる宗教改革は、彼自身の個人的体験の深みから起こっており、政治や文化、教会制度などの領域からはるかにかけ離れたところから生じてきているということである。宗教改革はその辿った運動の歩みを外的に観察するならば、教会制度の悪弊、神学上の問題、教会生活の腐敗などに発し、政治経済上のさまざまな要因とからまり合っていることも否定できない。しかし、それらに気をとられて、ルターの心に起こった出来事を見逃すならば、これにまさる誤りはないであろう。宗教改革はその本質において外面的な教会制度の改革ではない。それは宗教そのものの改革であって、「神の前」という宗教独自の領域に、つまり人間が永遠者の前に立つ自覚に、したがって宗教的な良心が問われているところに、深く根ざしている。この良心こそ神の言葉によって縛られているもので信仰生活の全体にかかわり、同時に宗教改革のもっとも深い核心を指し示している。ルターの内面的発展は、この良心の人格的自由に向かっており、宗教改革は教皇の政治的・教会的組織から福音による自由へと個人のみならず民族をも解放する方向をとったのである。彼が良心の人、つまり繊細な感受性にとんでいたのは生まれながらの抒情的資質に由来するが、それに加えて少年期の両親による教育も多く影響していると考えられる。

彼はエルフルト大学に入学してから、三年後修道院に入り、短期間に昇進し、三〇歳にもならない若さで神学博士の学位を得て、ヴィッテンベルク大学の教授となる。このような外面的成功にもかかわらず彼の内心は連続する苦闘と試練に見舞われていた。それに打ち勝つために、オッカム主義の修道の精神を厳守し、善いわざに励んでも、内心の平和と良心の慰めがえられず、自己の罪に絶望する。「ああ、わたしの罪、罪、罪」と彼は絶叫する。このような絶え間のない罪の意識は、オッカム主義によれば、義認の段階にいまだ達していないしるしであり、そのような罪は克服されなければならないと説かれていた。しかし彼はこのような経験のさなかに人間を裁く「神の義」(iustitia Dei) は実は信仰によって神から授与される「神の受動的義」であることを発見した。

これが「神の義」の新しい認識であって、ルターの神学の出発点がここに確立された。彼はラテン語全集への序文のなかでこの発見の経過について述べている。それは唯一のまとまった自伝的文章であって、次のように新しい認識は語られている。

この「神の義」という言葉をわたしは嫌悪していた。なぜならそれについてすべての博士たちの習慣的用法は、わたしにそれを哲学的に解釈するように教えたからである。わたしはそれを「形式の」あるいは「能動の」義、神が罪人や不義なる者を罰するようにする義であると理解していた。わたしは修道士という非難されない生活をしていたにもかかわらず、神の前には極度に不安な良心をもつ罪人であると感じた。そして神はわたしの罪の償いによってなだめられるという確信がもてなかった。同様にわたしは、この義にして、かつ、罪人を罰する神を好まず、かえって嫌っていた。……神は福音によってさらにわたしたちに神の義と怒りを向けなければならないのか。わたしは良心が動揺し混乱しているあいだ無我夢中であった。それでもわたしは使徒パウロのこのローマ書の一章一七節〔「神の義は、その福音のなかに啓示され、信仰に始まり信仰に至らせる。それは〈信仰による義人は生きる〉と書いてある通りである」〕において、使徒が何を言おうと欲しているのかを知りたいと熱心に願い、性急に探索した。ついに神はわたしを憐れみたもうた。……「神の義」はここでは義人が神の贈物によって、つまり信仰によって生きるさいの、その義であり、福音によって神の義が啓示されているという、この〔義という〕言葉は明らかに「受動的」であって、それによって神は憐れみをもって信仰によりわたしたちを義とするとわたしは理解し始めた。……このときわたしはまったく生まれ変わったように感じた。そしてわたしは広く開かれた門から天国そのものへ入ったように思った。[*5]

神の義についてのこの認識は中世においてもロンバルドゥスの『命題集』によって知られており新しいものではない。それにもかかわらず、この認識が彼にとって決定的意義をもつにいたったのは、この神の義が彼の良心をとらえ、その絶望から救いだしたところに求められる。良心は人間学的には繊細な心の感受性であり、元来受動的な働きをもっている。この良心が神の義を授与されたものとして受領したのである。これが「信仰によるのみ」という信仰義認の主張であり、宗教改革者ルターの出発点なのである。

（3）改革者たちはどのように学問を受容しながら自己の神学を形成したか

このように改革者たちは一五世紀の後半から一六世紀にかけて栄えた学問の影響を受けたが、そこからどのように自己の神学を形成したか。これが次の問題である。

エラスムスの場合　彼は最初の神学的著作『エンキリディオン』で初めて哲学と神学との総合を試み、そこから彼自身の神学思想を形成した。それが『新約聖書の序文』にある「敬虔なる読者への呼びかけ」である「パラクレーシス即ちキリスト教的哲学研究への勧め」において初めて「キリストの哲学」として明確に表明された。この名称は先に言及した先達アグリコラに由来するものであるが、彼の学問の基本思想はこれによってもっとも適切に表現される。彼は一方においてスコラ神学の思弁を退けながら、他方、民衆の呪術的・迷心的信心を嫌っていた。そこで前者に対して単純明快に「キリスト」を、後者に対して、理性にかなった「哲学」を対置して、自分のキリスト教人文主義の特質を提示したのである。

しかし彼はキリストの哲学によって一般に想起されるような哲学と神学の統合を考えていたのでも、哲学によってキリスト教を体系化することを構想していたのでもない。中世スコラ哲学はこの種の壮大な試みであったとしても、彼はこのような知的体系化の試みには疑いを懐いていた。そうではなくギリシア哲学に匹敵する内容がキリスト教自体のうちにあると彼は考えており、「キリストの哲学」というべきものが福音書と使徒書によって確証できると説いた。つまり彼はキリスト教、とりわけその源泉たる聖書の中にプラトンの哲学内容と一致するもの――彼はこの一致において真理を捉えようとしている――を認めたので、その名称を選んだといえよう。このことはアウグスティヌスがキリスト教を彼の時代における真の哲学として確信していた事態と共通している。エラスムスもキリスト教をプラトン哲学に解消するのではなく、プラトン哲学との比較を通してキリストの教えの真理を立証して行ったのである。

そこで代表的なテキストを一つだけ「パラクレーシス」から引用し、その内容について検討してみよう。

とりわけこの種の知恵はとても優れていますので、現世のすべての知恵を断固として愚かなものに引き戻してしまうでしょう。……このわずかな書物から、あたかもきわめて明澄な泉から汲むように、それを汲み出すことができます。……この種の哲学は三段論法の中よりもむしろ心情の中にあり、論争よりも生活であり、博識よりもむしろ霊感であり、理性よりもむしろ生の改造です。学者となることは少数の者にとって辛うじて成功しますが、キリスト者であることや敬虔であることは誰にでもできるのです。わたしはあえて付言したい、神学者であることは誰にでも許されています、と。更にもっとも自然にふさわしいことは、すべての人の心の中に容易に入って行きます。キリストが「再生」と呼びたもうたキリストの哲学とは、良いものとして造られた自然の回復にあらずして何でありますか。したがってキリストに優ってだれも決定的にかつ効果的にこれを伝えたものはなかったのです。とはいえ異教徒の書物の中にもこの教えに合致する多くのものを見いだすことができます。[*6]

ここにエラスムスが説く「キリストの哲学」がはじめて明確に規定されている。その特質のいくつかを挙げてみよう。

(1)「理性よりも生の変革である」　ここでいう理性は三段論法、論争、博識と述べられている事柄を総括する概念であって、スコラ神学の思弁を指している。この頭だけで考えた思想は今や全く無意味となった。これに対立するのが「生の改造」であり、これは心情、生活、霊感と並べられていて、聖霊の導きの下に立つ霊的生活であり、その中心は不断の自己改造を志すことである。このような自己改造こそキリスト教による哲学のめざすもので、人間の心情に迫る宗教的生活に属する。

(2)「良いものとして造られた自然の回復」　キリストの哲学は創造における自然本性が罪により壊敗している現実に働きかけ新生させようとする。あるいは改造することをその内実とする。この「自然の回復」はキリストご自身「再生」（renascentia）と呼ぶものだと言われる。この言葉はルネサンスと後に呼ばれた名称の一つの源泉であると言うことができる。ルネサンスという概念は本質的には宗教的意味をもっており、新約聖書の語法「新たに生まれる」（ヨハ三・三以下）、宇宙的再生をいう「新しい世界になっ」て（マタ一九・二八）、「新たに造りかえる」（テト三・五）につながっている。また引用文の終わりにこの哲学の教えに合致する異教徒の書物を指摘している点で人文主義者としての特質が示される。だがキリストの方が「決定的にかつ効果的に伝えた」とあるように、キリスト教に立つ人文主義がここでも明瞭に語られる。このような自然本性の変革と改造による回復をめざすのがエラスムスの実践的な「キリストの哲学」の目標である。

(3)聖書主義の神学　「これらの僅かな書物から、あたかもきわめて明澄な泉から汲むように、知恵を汲みだすことができる」とあるように、「僅かな書物」は新約聖書の諸書を指し、そこに知恵の源泉が豊かにあふれ出ているという。[*7]

このようにキリストが哲学することの対象となっている。というのはキリストは天上的な教師であり、永遠の知恵をもち、「人間に救いをもたらす唯一の創始者として救済に必要なことを教えたもうた」からであり、「死すべき者たちに伝えるために、神であられたお方が人間となった」ということは、「感嘆に値する新しい種類の哲学でなければなりません」[*8]とも説かれた。

キリストの哲学は人格の改造と再生とを目標としているが、それをもたらしたキリストとの生ける人格的出会いをエラスムスは力説し、救済のため受肉したキリストとの交わりを徹底的に追求する。聖書の中のキリストは「人間の間に滞在していたときよりも効果的に今でもなおわたしたちと一緒に生きており、呼吸し、語っていると、わたしはむしろ言いたいです」[*9]。だからスコラ神学が説いているように膨大な数のアリストテレスの注釈書を繙読する必要など全くない。こうして敬虔と教養とをもった人間形成という新しい教養の理念がキリスト教人文主義に立つ新しい神学思想を造りあげた。また彼は『真の神学方法論』においてその聖書解釈が正しいかどうかをアウグスティヌスの『キリスト教の教え』にもとづいて考察する。彼はその著作でキリスト教古代の伝統の中に「黄金の水流」があることを強調し、それを彼の時代の間違った学問に対置する[*10]。

ルターの場合　次にルターはどうであろうか。彼の場合には自分が受けたオッカム派の神学思想をアウグスティヌスとパウロの神学によって徹底的に批判していくことで、彼独自の思想を形成した。このことは先に引用したルターの『ラテン語全集第一巻への序文』（一五四五年）にある自伝的文章の続きに次のように語られていることから明らかとなる。

その後、わたしはアウグスティヌスの『霊と文字』を読んだ。この本の中でわたしは予想に反して、アウグスティヌス自身もまた神の義を同じように解釈しているのを見いだした。つまり神がわたしたちを義とするさいに、それをもって神がわたしたちに着せたもう義である、と。そして、このことはこれまで不完全にしか述べられていないし、義とみなすことに関しては、彼もすべて明瞭に説明していないけれど、それでもそれによってわたしたちが義とされる、神の義が教えられていることは、喜ばしいことであった[*11]。

このようにルターはアウグスティヌスの『霊と文字』を読んだことから、「神の義」についての理解が彼によってすでに説かれていることを学んだが、それでもアウグスティヌスにおける理解が未だ十分でない点を指摘し、聖書にしたがって新たに自己の神学を構想していく。[*12] その結果が『ハイデルベルク討論』に次のように明瞭に示される。この討論に付けた「神学からの提題」の冒頭で彼は次のように言う、

わたしたちは自分に全く信頼を置くことなく、謙虚に、出席したいと欲しているすべての人の判断にこれらの神学的逆説を提出する。こうして、特別に選ばれたキリストの器にして道具である聖パウロから、またパウロのもっとも信頼できる解釈者である聖アウグスティヌスから、正しく引用されているか、それとも誤って引用されているかどうかが、明らかになろう。[*13]

ここでルターは自分の神学を「神学的逆説」と呼んでいるが、その内容が正しいか否かはパウロとアウグスティヌスの理解にかかっていると主張する。彼はここで自分の思想が新約聖書のパウロと教会の伝統の中ではアウグスティヌスの著作から立証することができると語っているが、そこには彼の思想の基本的立場が築かれていることが察知される。

こうした傾向はカルヴァンにおいて同様であって、彼はエラスムスと同じく古代の人文主義から学問研究を開始し、アウグスティヌスの思想から驚くほど多くを学び、聖書を講解しながら自己の神学

思想を構想していった。しかしここではそれは省略する。

わたしたちはここに改革者たちが一六世紀の学問の状況において聖書とキリスト教古代の神学思想という源泉から学んで、新しい歴史の段階でそれを使いながら自己の神学思想を創造していったことを理解することができる。学問の中には普遍的な思考が活発に働いている。わたしたちは個人としてどんなに優れた着想をえていても、普遍的な思考を身につけていないと、何ら説得力を発揮することができない。宗教改革者は個々人においてそれぞれ特殊な環境で育ち、性格や傾向は異なっていても、その学問的な教養によって、その時代や後代に大きな影響を残す者となった。エラスムス、ルター、カルヴァンは共通にアウグスティヌスの思想を学ぶことによって自己の神学を形成した。それゆえわたしたちは、聖書だけではなく彼らが修得した学問にも重要な意味があることを忘れてはならない。

注

＊1　わたしが問題にしたのは実は世界よりも世界に自覚的にかかわる人間自身なのである。この点に関してわたしは次の立場をとってきた。「宗教改革の運動はルター自身の個人的な宗教体験から生じたと見るべきである。この体験はあらゆる政治問題と国民的情熱から遥かにかけ離れた領域であって、宗教改革は神学上の教義学的問題や教会制度、また道徳的頽廃などに起因していても、これらは人間的生と実存の内面に生じる緊張が外的に現われた屈折現象にすぎない。変革と激動の時代には、伝統として人間と社会とを支配してきた価値原理たる権威が失墜し、その下に安定していた日常的生は震撼され、同時に人間の本性の深底があらわになり、それにかかわる宗教的な力の作用が自覚にもたらされる。このとき文化の根源としての宗教の意義

が発見し直される」(金子晴勇『ルターの人間学』創文社、一九七五年、八頁)。
＊2 Luther, WA 30, I, 420; 30, II, 300; Tr. 2, 516.
＊3 Luther, WA 6, 600.
＊4 「わたしは自分で無記的にかつ偶然的に様々なものを生みだしうる能力を自由と呼ぶ。こうしてわたしはその能力の外部に存在する多様なものになんらよることなく、同じ結果を惹き起こすことも起こさないこともできる」(Ockam, Quodlibeta Septem, I, q. 16, opera theologica IX, 87)。
＊5 Luther, WA 54, 185, 17ff.
＊6 エラスムス『新約聖書の序文』「エラスムス神学著作集」金子晴勇訳、教文館、二〇一六年、二三〇、二三五頁。
＊7 同様に次のようにも言われる。「純粋で真正なキリストの哲学が福音書と使徒書簡から他のどこからよりも実り豊かに汲みだされると考えたいし、……もしだれかがこれらの文書によって敬虔に哲学の営みをなし、議論を交わすよりも祈りを捧げ、武装するよりもむしろ改造されることに努めるなら、……あるいは、もしわたしたちが何かを学びたいなら、どうしてキリストご自身とは別の著者のほうがよいと思うのですか」(エラスムス、前掲訳書、二三六頁)。
＊8 エラスムス、前掲訳書、二三〇頁。
＊9 エラスムス、前掲訳書、二三七頁。
＊10 エラスムス、前掲訳書、三〇一頁。
＊11 Luther, WA 54, 186, CL. 4, 428, 10ff.
＊12 この点の詳しい説明について金子晴勇『近代自由思想の源泉』創文社、一九八七年、二〇六―二一六頁参照。
＊13 『ルター神学討論集』金子晴勇訳、教文館、二〇一〇年、一一〇頁。

4　改革者たちはどんな時代に生きたか
――ペスト・迫害・追放・亡命の嵐

はじめに

宗教改革者たちが活躍した時代は一六世紀の前半であった。ヨーロッパ史の時代区分にはさまざまな見方があるが、多くの激変が起こった時代だったので、この世紀をもって中世が近世へと移り変わったと考えられたほどである。しかし実際はそうではなく、一般的に言って今日では一七世紀の後半から近代に入ると考えられるようになった。それでは歴史家によってこの時代は意味がないであろうか。この一六世紀という時代は今日では「ルネサンスと宗教改革の時代」と呼ばれているように、一つの過渡期として重要な意味をもっている。

実際、一六世紀の前半は政治的にも精神的にも激動の時代であって、この時期に起こった宗教改革も教会のルネサンスであったがゆえに、広義ではルネサンスに属している。ルネサンスは人々の関心を天上から地上に引き戻し、国民国家の誕生は神聖ローマ帝国を弱体化し、教皇の神権政治を脆弱化し、金融や企業の発展は中世ギルドを解体しはじめていた。それに対し宗教改革はこの時代に教会の生命の復興もしくは新生を求めた人々が起こした一大精神運動であり、その指導者はマルティン・ルター（Martin Luther, 1483-1546）であった。彼はこの改革運動を多数の支持者と協力者を選帝侯や多数の都市の有力者から得てはじめて実現できたのであった。したがって彼は、政治的に見ても、軍事的な出来事に満ちた時代に生き、また外交関係がたえず高度の緊張状態におかれていた激動の只中にあってその使命を果たし、ローマ・カトリック教会の支配体制を決定的に動揺させたのであった。

こうした政治的緊張状態の渦中におかれていたので、ヨーロッパはトルコ軍の西進による東方からの恐るべき危険が迫っていたのに一致団結してこれに対処できず、ハプスブルク家のカール五世とフランス王フランソワ一世との二大勢力は拮抗し合い、激しい戦闘をくり返していた。ところが都市は資本の集中によって経済的に強力となり、文化的にはもっとも進歩していたが、農民のあいだには依然として不満の声が高まっていた。これに対処してローマ教皇と教皇庁はますます教会国家の支配体制を強化し、フランスと神聖ローマ帝国というヨーロッパ二大勢力の抗争の間に割って入り、政治的に画策した。こうして生じた政治上の権力闘争の狭間に立って宗教改革者たちはペスト・迫害・追放・亡命の嵐に見舞われたが、不思議にもその運動は着実に進んでいった。

（1）ペストの猖獗

ヨーロッパ一五世紀後半の時代には人々はそれまでに経験しなかったような恐るべき災害であった

黒死病（ペスト）に襲われ、二〇〇〇万人を超える死者を出したことが最大問題として注目されねばならない。ヨーロッパ各地にわたって活躍したエラスムスは黒死病の噂を聞くとその地を離れなければならなかった。それに関する最近の研究から直接関係した医療の次元のみならず、新しい経済と人口統計学上のシステムについて激変を経験し、最後に、決定的に重要なのは思考と感情の領域で新しい事態が起こってきていたことが判明したことである。したがって黒死病に蹂躙された世界は、トマス・アクィナスの知性的な世界観ではとうてい把握できず、ノミナリズム（唯名論）の恣意的な神とも感じられた「神の絶対性」という観点から悲惨な現実を直視することを迫られた。つまり黒死病の予想できない発生と経過があり、またそれが原因不明でありながらも破壊的な影響を及ぼすようになると、この事態を理解するために現実を直視するノミナリズムの思想が役立ち、それが中世後期の現実生活に見られる無秩序の経験に立ち向かうのに適合していたことが分かった。このような経験からわたしたちは、実際、一五世紀になぜノミナリズムが発展したのか、また神学から自然科学までのすべての分野におけるその革新運動をもたらすべく学校や大学へと実り豊かに浸透していったことを理解できる。こうした運動は「新しい道」（via moderna）として至るところで確立され、これまで君臨してきたトマス・アクィナスの学問方法は「古い道」と呼ばれるようになった。

こうしてヨーロッパがそれまでに経験しなかったような最悪の出来事であった黒死病が過ぎ去り、そのもたらした結果と戦う懸命な努力の経過の中で、新しいいくつかの動きが必然的に起こってきた。とりわけヨーロッパの知的な生活の分野では「新しい道」が優勢となり、社会的な混乱の中にひとつの秩序を造り出す有力な手段を与えたのであった。このことは黒死病ばかりでなく、共同体と政治の領域では、公会議主義が失敗に終わったバーゼル公会議を教会がなんとか耐えて生き残ったばかりか、教会が各地域で組織できるように法的な基準を提供したことにも明らかである。さらに精神性と宗教的経験の分野では、「新しい敬虔」（devotio moderna）の運動と巡回説教の托鉢修道士が有力になり、修道院の共同生活を世俗の領域へと空間的・時間的に押し広げたことでも明らかとなっている。*1

（2）カトリック教会が行った迫害と追放

次に、教会政治に目を向けると、カトリック教会の腐敗が蔓延していたので、とくに教会は執拗な攻撃の的となった。一五世紀初頭、教皇がローマに帰還し、分裂に終止符が打たれた時、カトリック教会は危機を乗り切ったかに見えた。もちろん教会に対する糾弾と告発はあいかわらず激烈だったが、新味は感じられなかった。それにルネサンス期の教皇たちは、アレキサンデル六世、ユリウス二世、レオ一〇世など、人間的に魅力があり、知性と政治手腕にすぐれた人たちが多かったが、道徳的批判に耐えうる人たちではなかった。「聖界の風紀はたるみきっており、俗界の道徳基準から見てさえ憤激を招く状態である」とトルチェロの司教は言っている。パストールやラトゥールのようなカトリック正統の立場を固守する史家も、この点についてはそれぞれ次のような厳しい判定を下している。「ローマ聖庁は腐敗の源泉となった。キリスト教世界のあらゆる部分から憤激に満ちた糾弾の声があがったのも、けだし当然であった」とパストールは言う。また「逸話、論説、諷刺詩、それに教皇教書も含めてこの時代の無数の証言が、教会腐敗の告発という点で軌を一にしている。……規律正しい修道生活は完全に消滅し、かつての観想と祈りの砦は無秩序と放蕩のるつぼに変じた。諸々の大修道院での司法調査によれば、修道士の大部分が盗人、悪徳漢なのであった」とラトゥールは書いている。[*2]

たとえばこの時代の教皇であったレオ一〇世（一四七五—一五二一年、在位一五一四—二一年）はメディチ家の出身で、優雅な即興のラテン語演説をよくしたが、教会が真に必要とすることや芸術の保護に使ったよりも、はるかに多額の金を華美な外見と賭博とに乱費し去った浪費家であった。それゆえパストールによれば、このような危機の時代にそのように品性の劣った人物たちが、ペトロの後継者の座にあったことは、教会の最大の不幸であった。それゆえ宗教改革が一三世紀を頂点とする偉大な神政政治の崩壊に責任があるなどと考えることは、カトリック教会が宗教改革の時代にすでに陥っていた最悪な状態を完全に忘却した議論にすぎない。[*3]

カトリック教会に対してもっとも寛容な歴史家たちでさえ、これほど厳しい判定を下しているのだから、教会の頽廃をさらに述べる必要はないが、教会におけるこれほどまでの道徳水準の低下は歴史上まれであったから、風紀乱脈は昔から深く根を下ろしていたと言うべきである。なお、これに次の二条件が加わって、傷口をさらに押し広げた。すなわち、第一に都市の発展に伴う世俗文化の確立であり、第二に民族国家の成立である。今や腐敗は教会上層部だけに留まらなくなっていた。悪い手本はかならず上層部からもたらされたが、中世には下級聖職者、特に修道士たちの中に健全な要素が生きていて、あらゆる逸脱、偏向、腐敗を厳しく告発し続けていた。

エラスムスが歴史に登場してきた世界はこのような状態であった。彼が人文学の復興を掲げ、新しい時代を造り出そうとしたのはこのように道徳的に腐敗した世界に対してであった。また人文学の客観性と普遍性のゆえに彼は広く全世界を相手にキリスト教の福音宣教の役割を果たした。そこに彼の偉大さがあって政治的にも平和の実現に努めた。ここに彼の歴史的な使命と同時に時代的な制約が認められる。

ところでアルプス以北の人文主義運動は倫理的・宗教的性格が強く、学芸の復興から新しい神学の形成へ向かう方向転換が生じ、人文主義は宗教改革と結びついて発展していった。ここでの特色は聖書文献学に結実し、すでにロレンツォ・ヴァッラの著作『新約聖書注解』(エラスムスにより一五〇五年に出版)によって開始されていたこの分野での研究が著しく発展するにいたった。それはフランスのルフェーブル＝デタープル、イギリスのジョン・コレット、ドイツのロイヒリン、オランダのエラスムスなどの著作にあらわれ、その成果は宗教改革者たちの聖書神学に決定的な影響を与えた。その特質は「キリスト教人文主義」であって、キリスト教が新しい学問の精神によって再生することが求められた。

一六世紀の元年にエラスムスは古代的教養の結晶ともいうべき作品『格言集』を出版し、ヨーロッパ的教養世界の新時代が到来したことを告げた。ギリシア・ラテンの古典文学の復興によってこの教養世界は、ルネサンス以来進められてきたが、聖書とキリスト教古代の思想家によるキリスト教の新しい展開となった。したがって人文学の復興をめざす人文主義運動は、宗教改革を先導し、エラスムスがその人文主義的な人間学を完成したころ、ルターが世界史の舞台に登場し、「エラスムスが卵を産んで、ルターがこれを孵化した」とも言われる事態を生じさせた。

エラスムスが活躍した時代は宗教改革の初期の時代であり、人文主義と宗教改革とが歩みをともにして発展し、やがてルターの出現によって両者の提携が分裂する時期に移っていった。教皇庁は当時人文主義の王者と称せられたエラスムスの批判を恐れ、それが激化しないように警戒し、たえず彼を監視する目を光らせていた。というのは一五一七年には注目すべき二つの出来事が同時に起こったからである。すなわち、その年には世界的に有名になった「九五箇条の提題」が発表され、宗教改革の火ぶたが切って落とされたが、同じ年に人文主義運動も頂点に達しており、フランス王フランソワ一世は人文主義のアカデミーを創設するためエラスムスを招聘した。エラスムスはこれを辞退したものの、このような運動のなかに新しい人文学の開花を目前に見、人文主義の時代の到来を期待した。

このように宗教改革は外見的には政治史にすべて還元されるように思われるが、ルター自身は政治的関心もあまり強くなく、事実全く無力であり、同時代の宗教改革者であるツヴィングリやブツァーのような広い視野に立った政治的な行動をもできるかぎり避け、さらには農民との同盟さえもあえて拒否してしまった。それはただキリスト教の教え、とくに福音の教義を純粋に説きかつ守るということ以外に彼の行動の動機はなかったからである。

その後、ルターの贖宥状に対する批判は全ドイツを動かし、「九五箇条の提題」は当時ルターが所属していたアウグスティヌス派の修道会でも問題となり、ローマの本部からドイツ支部の代表者シュタウピッツのところに抗議が寄せられていた。そこでシュタウピッツは三年おきに開催されていた同派の総会にルターを出席させ、彼に命じて自己の主張の要点を討論のために提題の形で提出させ、その提題について短く講解し、それを人々の討論に委ねさせた。この総会は一五一八年四月下旬に古都ハイデルベルクで開催され、ルターは総会のために四一箇条（神学関係二八、哲学関係一三）からなる

『ハイデルベルク討論』を作成し、「贖宥」については論じないで、中世を通して探求されていた最大の問題である「罪と恩恵」を選び、「十字架の神学」をもって自己の新しい神学の中心思想を明瞭に述べた。彼が「贖宥」について論じないで、罪と恩恵の問題を選び、とくに自由意志に関する論題では彼の「十字架の神学」から自由意志が実質を欠いた名目にすぎないと論じ、それまで宗教改革の歩みで協力してきたエラスムスと分裂するきっかけを与えてしまった。

ルターがこのように歴史の舞台に登場してきたとき、彼はドイツの田舎町ヴィッテンベルクにその当時創設された無名の大学教授に過ぎなかった。一五一八年の夏フローベン書店から出版されたエラスムスの『エンキリディオン』第二版には「フォルツ宛の手紙」が序文として加えられていた。この序文の中にルターの贖宥批判について賛意が表明されていたことから、エラスムスとの間に手紙のやりとりがはじまった。しかしエラスムスはすでに五〇歳を過ぎており、その人文主義に立つ基本姿勢と神学思想も完成していたので、ルターの協力者にはついになれなかった。それでもルターをよく理解し、できるかぎり彼の擁護に努めた。だが、それにもかかわらず人文主義者としての基本姿勢のゆえに、自由意志をめぐる討論では分裂し、宗教改革は人文主義と袂を分かつ運命となった。

「九五箇条の提題」発表以来ルターは四年間にわたって異端訊問をうけたが、これは当時の政治情勢によるものであった。ハプスブルク家に対抗するために教皇庁はドイツの選帝侯たちを味方にしておかなければならなかった。ルターは田舎の大学教師にすぎず、無力な托鉢修道士であったから政治的に無視できたとしても、ザクセンのフリードリヒ賢侯がエラスムスの提言を受け入れてルターを裁判にもかけないで一方的に処刑することに強く反対した。皇帝カール五世はこれを無視できず、ヴォルムス国会へのルターの招喚が行なわれるようになった。

では、ルターはこの国会でなぜ破門されたのか。彼は信仰、善いわざ、恩恵、自由意志、義認、信仰生活をめぐる論争ではカトリック教会の教義を傷つけたことはなく、アウグスティヌスの伝統を忠実に受け継いでいた。まして古代教会の二大教義、すなわち三位一体論とキリスト論（キリストの神人両性説）を一度も疑ったことはなかった。ルターに対する訴訟は「九五箇条の提題」が神学上の問題としてとりあげた贖宥の中に含まれている「悔い改め」のサクラメントについての主張、また教皇の首長権をめぐる討論でルターが嫌疑をかけられたボヘミヤのフスと同じ罪、すなわち「公会議も誤ることがある」という主張に向けられた。この二つの訴訟問題もその当時は教義として確定したものではなく、教会の慣習として守られていたにすぎず、討論する余地は十分に残っていたはずである。しかし教皇権とサクラメントに加えたルターの攻撃は、カトリック教会の統一を破壊するほどの深刻な対立の中に教会を導いていった。こうして破門状の発令とヴォルムスの国会への召喚が行われ、ルターが自著の撤回を拒否したので、ヴォルムスの勅令が出され、ルターと彼の信奉者たちはことごとく「帝国追放令」（ライヒスアハト刑）に処せられ、だれも彼らに宿を与え、飲食させてはならないと言明された。そのためルターは一時期選帝侯フリードリヒの計らいでヴァルトブルクの城に滞在し、聖書をギリシア語原典からドイツ語に訳す偉業をそこで短期間のうちになしとげた。

このようにルターの「帝国追放令」は事実上迫害に他ならなかった。彼自身は政治的に身分を保証されない、アウトローとして身の危険を絶えず感じる生活を強制された。この時代に活躍した宗教改革者はすべて社会的な身分を保証されない亡命者として全国の都市の中で活躍する運命に直面した。

このことは宗教改革の第二世代を代表するカルヴァンにおいては最初から運命づけられていた。

(3) 宗教改革者の亡命生活

ルターの場合には選定候によって政治的な保護が実行に移され、宗教改革は政治家の力を借りてではあるが徐々に進められた。しかし急進派の革命勢力の台頭によって農民戦争が勃発し、彼自身が政治家に加担したかどで失敗し、エラスムスとの協力関係も失われて、その力は衰退せざるをえなかった。こうして宗教改革の第二世代に属する、カルヴァンが登場してくる時代にはドイツでの改革は失敗し、失望感が拡がっていた。その失敗の原因は恐らく㈠ルターとツヴィングリ、シュヴェンクフェルト、再洗礼派その他との神学上の不一致、㈡生活改善の失敗、㈢諸制度の廃止による民衆の信仰の弛緩、㈣諸侯による教会財産の没収の四点に求められるであろう。それためカトリックの勢力が強かったフランスではユグノーの弾圧が厳しく、カルヴァンを初めとして都市に逃げた宗教改革者たちは皆その地で亡命生活を強いられるようになった。

カルヴァンはパリで神学と哲学を、オルレアンとブールジュで法学を、さらにパリの王立教授団で人文学を学ぶ。二三歳の若さで『セネカ「寛仁論」註解』を著して人文主義者として出発したが、その翌年に回心を経験して福音主義の指導者となる。その後彼はジュネーヴでの宗教改革運動に参加する。彼は人文主義の方法を用いながらも、神中心主義の特質をもった神学の体系を樹立した。とりわけ義認に続いて聖化を説き、キリストに倣う者としての歩みを力説した。ここから労働や国家への態度などに見られる、この世に対する積極的な関わり方が生まれた。

こうしてフランスで迫害を受け亡命を強いられたプロテスタントたちを救うためのドイツからフランスへの道は実現しなかった。それに対してジュネーヴからマドリードとパリを経てアントワープに至る新しい道が開拓されるようになった。ここから絶望ではなく、社会に対し積極的に関与する改革派の道が拓かれてきた。*4

このような迫害と亡命生活の経験がカルヴァンの有名な予定説を生んだと考えられる。つまり彼の予定説はスイスのバーゼルで出版された『キリスト教綱要』の初版（一五三六年）にはなく、迫害が増大し、亡命者を多数生み出すに応じて、予定説が神学体系に組み入れられていった。次に引用するカルヴァンの自伝的文章を見ると、この著作を書いた動機が記され、人々が受けた迫害がどんなに過酷なものであったかが判明する。


わたしが隠れるようにして人知れずバーゼルに住んでいた頃、フランスにおいて多数の信仰深く聖なる人々が火刑に処せられ、その時が諸外国にまで伝わったとき、多くのドイツ人の間に強い憎悪の念が惹き起こされ、このような専横の張本人らに対する遺恨が深まった。それを鎮めるために虚言に満ちた小冊子が流布された。……礼儀作法に通じた廷臣どもが、このように罪なき血が流されたことに対する義憤の念を、聖なる殉教者たちの死後、彼らに加えられた偽りの非難・中傷という虚飾によって被い隠そうとしただけでなく、一片の憐れみの情もなしに、哀れな信仰者らを害しようとあらゆる極端な手段に訴えるのを目にしたとき、もしわたしが強力な反対の声を挙げないならば、わたしに関するかぎりは、怠慢と不実の責めを負うことなしには何の弁解の余地もないように思われた。わたしが『キリスト教綱要』を公にするに至ったのも、このような理由からであった。すなわち、他の人々が撒きちらしている邪曲な非難に応え、わが兄弟ら（その死は主のみ前に尊かった）の罪責を払拭しようとしてであった。さらには、多くの哀れな人々に対してこのような残酷な行為が加えられたかぎりにおいて、諸外国の人々が少なくとも彼らに対する憐憫の情に動かされるようにと願ってであった。わたしが公にした書物は、今では部厚く難解なものとなったが、その当時は教理の主要点の要約を盛った小冊子にすぎなかった。わたしの意図したことも、邪悪で不実な追従者たちが悪意をこめて誹謗を加えていた人々の信仰を、何とか弁護しようとする以外の何物でもなかったのである。[*5]

このようにしてカルヴァンはジュネーヴのような「都市の改革」から次第に「亡命者たちの擁護」へと移行していった。そこには彼自身の亡命の経験が色濃く反映している。こうして予定説は信仰者に対する激励となっており、不信仰者に対する過酷な運命の宣告ではなかったことが判明する。それは最後まで耐え抜く希望を与えるものであった。この経験から作られた予定説がやがては教義となって市民としての権利にまで変貌していった。このように歴史の文脈に即して考察すると「かつて経験が形作ったように、未来のメッセージをまずその歴史的文脈において再創造しなければ、ドイツにおける改革の出発も、カルヴァン派によるその完成も正しく理解することができない」といえよう。[*6]

カルヴァンは宗教改革の第二世代を代表する神学者であり、ルターの宗教改革がかたちをととのえてきた後に歴史に登場してきた。元来ルターによって創始された宗教改革の運動は教会の改革のために新しく公会議を開くことを目的としたものであって、カトリックとプロテスタントに分裂したときでも、共同の公会議開催に向けて努力がなされてきた。たとえば一五三〇年にアウグスブルクの帝国議会が開催され、この会議にプロテスタント諸派による共同的な信仰告白が提出された。これが「アウグスブルク信仰告白」であって、草案はメランヒトンの手になり、ルターの同意を得て発表されたもので、カトリック陣営に対しプロテスタントの信仰の基本を宣言したものである。[*7] 若きカルヴァンはこの会議に出席しており、次世代の方向を学び取っている。

終わりに

わたしたちはここでも革命の時代に生きた宗教改革者たちが受けた迫害と亡命について再考してみたい。彼らは皆、人間的にも思想的にも、さらに学問的にも優れた資質の持ち主であった。しかし彼らは単独では何事も実現できず、歴史を転換させるには志を同じくする人たちが一致協力して、新しい世界を創造して行かねばならなかった。しかも死をもって迫ってくる敵対する政治勢力のさなかにあっては、宗教改革がどれほどの難事業であったかをわたしたちは歴史から学ぶことができる。事実、宗教改革の歴史に展開する現実は実に厳しく、改革者の日々の生活は迫害・追放・亡命によってどれほど悲惨であったかが痛感させられる。それゆえ同じ思想を懐く人々がどんなに熱意をもって改革に燃え、協力し合っても、事態はいっこうに好転せず、直ちに起こった反動勢力の巻き返しに直面し、多くの人々は志半ばにして倒れていかざるをえなかった。この人々の無念さをわたしたちは歴史を学ぶことによって痛切に感じとることができる。それにもかかわらず、わたしたちが歴史研究を通して認識できることは、多くの困難に出合っても長い目で見ると、歴史は少しずつ動いて社会を変革していくという事実ではなかろうか。現実の歴史がどのように悲惨であっても、ヨーロッパの思想史という観点から再考すると、宗教改革の時代は、ヨーロッパの近代がやがて開始する以前の実に創造的な精神に満ち溢れた稀なる時代であったといえよう。このような宗教改革の思想はエラスムスから発し、ルターに受け継がれ、カルヴァンで完成されたのであるが、この思想の流れは悲惨な政治史の泥沼の深みに咲いた美しい花のように想われる。そしてわたしたちはその果実を味わって自己の思想を豊かにすることができる。この観点からわたしたちは宗教改革を学び直すように招かれている。

注

＊1　この点に関してオーバーマン『二つの宗教改革』教文館、第一章参照。
＊2　モンタネッリ／ジェルヴァーゾ『ルネサンスの歴史』下、藤沢道郎訳、中公文庫、一九七四年、五〇頁参照。
＊3　バイントン『宗教改革』出村彰訳、新教出版社、一九七二年、二四頁。
＊4　オーバーマン『二つの宗教改革』教文館、第九章参照。
＊5　カルヴァン『旧約聖書註解　詩編Ｉ』出村彰訳、新教出版社、一九九四年、一〇頁。
＊6　オーバーマン、前掲訳書、第九章参照。

＊7　これは当時の議会ではトマス主義者エックによって論駁されたとみなされたが、後にカトリックとプロテスタントとの教会合同をめざした哲学者ライプニッツによって高い評価を得ており、さらに今日のカトリック教会はこれを基本的に承認する方向に向かっている。ルターは一五二一年に帝国追放令を受けているのでこの会議に出席できなかった。彼はコーブルクに滞在してメランヒトンを助けた。

5 宗教改革者たちの信仰——その学問・方法・信仰からの考察

はじめに

宗教改革というとこれまでの理解ではマルティン・ルターの思想と行動が中心に論じられてきた。しかし今日ではこの改革運動はその全体から考察すべきではなかろうか。今年は宗教改革の五〇〇年にあたっており、宗教改革の現代的な意義を捉えるためには、わたしたちは視野をいっそう広げて、少なくともエラスムスとルターとカルヴァンの三人の改革者をとりあげ、その思想と行動の共通点を問い直すべきではなかろうか。というのはエラスムスは人文主義者、ルターは宗教改革者という具合に、わたしたちはこれまでこの二人を分けて考察する方法を踏襲してきたからである。しかしエラスムスは人文主義者であっても、同時に優れた聖書学者であって、ルターと同じく宗教改革に貢献した偉大な人物なのである。わたしは彼の神学的著作を代表するいくつかの書物を翻訳してみて、彼が神学者としても卓越していることに気づくようになった。習慣というものは恐ろしいものであって、わたしたちはいつしかルターからエラスムスを理解してしまい、エラスムス本来の姿を誤解してしまう。

そこで両者の関係を問い直してみると、ルターはエラスムスの権威に圧倒されており、冷静な討論さえできないで、虚勢を張っているとしか考えられない。またカルヴァンはエラスムスから人文主義の学問を学び、ルターの思想を十分に理解した上で新しいキリスト教神学の体系を構想している事実が明らかになってきた。

そこでわたしは三人の宗教改革者を、それぞれの学問・方法・霊性の観点から再考してその信仰の特質を検討してみたい。ここで霊性というのは信仰の主体的な作用を意味する。それに対し信仰の対象は教義内容であるが、それについて三人の改革者では決定的な相違はない。彼らは意志の自由の問題でその対立が激化したように、信仰の主体的な作用をどう理解するかが重要になってくる。この点が教義学的研究では解明できず、わたしが採用した人間学的な研究から初めて解明できるように思われる。つまり教義神学の視点からではなく、それを支える霊性神学の視点からの考察が要請される。[*1]

たとえばわたしが学生時代にルターを学びはじめた頃、カール・ホルが依然として権威をもっていたが、ナチス・ドイツに加担したとの理由で、その権威は失墜していった。だがそれでもわたしは彼の難解な文章を読み、彼の言う「良心宗教」を検討してみた。そうすると、彼はルターに忠実でなく、彼自身のカント解釈、つまり良心を当為意識にもとづかせている点がわかった。そこでわたしはルターの良心概念を再考し、「試練を受けた良心の神学」の重要性を指摘した。さらに後期スコラ神学とルターの関係を吟味してみると、後期スコラ神学とは別にルターには神秘主義との密接な関係があることに気づいた。ところが、驚くべきことに後期スコラ神学と神秘主義との関連が当時のノミナリズム（唯名論）の権威者ガブリエル・ビールにも認められることを知り、この両者が青年時代のルターに大きな影響を与えていたことが判明した。こうしてこの両者の「中間」にルター神学の特質と方法が探求されるようになった。そこにはルター独自の神秘主義的な霊性理解が生まれていたのである。

わたしが解明しようと志したのは、このような霊性の問題であり、そこから教義神学と霊性神学との関連が追究された。この問題はエラスムスにおいてもカルヴァンにおいても起こっており、それを比較することによって改革者たちの信仰の特質を解明してみたい。

そこで（1）学問の方法論、（2）人間学的な共通理解、（3）「霊性神学」の確立、（4）神学方法論の観点からこの比較考察を行ってみよう。

（1）学問の方法論

ここで問題にするエラスムス、ルター、カルヴァンはいずれも優れた学者であった。彼らの学問は一五世紀から一六世紀にかけてその時代を支配していた三つの思想運動によって形成された。第一の運動はもっとも穏健な運動で、伝統的な敬虔と信心を重んじ、内面的な宗教生活を説き、神秘主義の思想傾向をもった「近代的な敬虔」（devotio moderna）であり、第二はスコラ神学の内部から起こったオッカム主義の「新しい方法」（via moderna）であり、第三は古典的学問の復興である「人文学」（bonae litterae）であった。[*2] 宗教改革者たちはその青年時代にこれら三つの学問によってどのように自己を形成したのか。まずその概略を述べておきたい。

(1)エラスムスはデヴェンターの学校で、ルターはマクデブルクの学校で、それぞれ「新しい敬虔」

に立つ教育を受け、彼らの思想形成にすくなからぬ影響を受けた。当時から修道院の改革運動は、公会議でも重要な論題であって、修道会内部でも改革の叫びはあがっていた。しかし、この新しい敬虔の改革運動は穏健な体制内改革であり、広範囲に及ぶ民衆的な神秘主義の運動となっていた。

(2)ルターはオッカム主義の「新しい方法」によって大学時代から強い影響を受け、オッカム主義者であったが、神学的にその学派の方法を修得しても、救済問題で挫折し、その師シュタウピッツの指導のもと、聖書研究を通して救済に至ることができた。それに対しエラスムスはパリ大学のモンテーギュ学寮でスコラ学の教育を受け、自由意志の説には賛同したが、その思弁的な神学方法を拒否した。カルヴァンも同じ学寮で教育を受け、知性的な認識を重んじる点ではスコトゥス主義の影響が認められる。

(3)エラスムスは人文学の復興に全力を尽くした人文主義者であったが、同時に優れた聖書学者であり、『校訂　新約聖書』によって絶大な影響を当代に与えた。ルターはエラスムスが重んじた人文主義を大学教育に採用し、最初は協力して宗教改革を推し進めたが、自由意志の問題で、両者は分裂した。さらにカルヴァンはエラスムスの影響によって最初人文学者を志したが、ルターの宗教改革に共鳴し、宗教改革者となった。

次にここから判明する三者に共通な学問的傾向を指摘することができる。三人ともスコラ学の思弁的で観念的な学問を拒否する。したがってアリストテレスとその論理である三段論法による論証を嫌悪する傾向が彼らに共通する。つまり頭だけでは宗教の真理は何も理解できないということである。そこから宗教に独自な経験から神学を開始する基本姿勢が確立された。エラスムスはその経験を聖書に展開する一人ひとりの信仰によって物語り、ルターは神の言葉との出会いと体験から省察を重ね、カルヴァンは亡命を強いられた人たちを援助するために神学を役立てようとした。彼らはその修得した学問のゆえに普遍妥当的に思索しており、その思想は後生に絶大な影響を与えた。

（2）人間学的な共通理解（キリスト教人間学の三分法）

次に注目すべきことは三人の宗教改革者たちは同じ人間観を共有していたことである。彼らは哲学的な「精神・身体」の二元論とは基本的に相違する、キリスト教的人間学の三分法、つまり「霊・魂・身体」（spiritus, anima, caro）を採用した。それはパウロによってテサロニケの信徒への手紙（一、五・二三）で初めて使われ、オリゲネスによって採用され、「オリゲネス的な人間の区分」としてエラスムスに伝わった。この三分法はルターによっても採用され、カルヴァンもこれに倣ったので、三人の宗教改革者に共通するものとなった。確かにこの三分法は形式としては共通であっても、その内容については相違が認められる。この点を素描しておこう。

(1)エラスムスは初期の代表作『エンキリディオン』で人間の自覚から新しい人間観を説くようになり、キリスト教的人間学の三分法「霊・魂・身体」をオリゲネスから導入した。彼は人間を定義して「人間は二つあるいは三つの非常に相違した部分から合成された、ある種の驚くべき動物です[*3]」と言う。彼は「魂と身体」のプラトン的二元論に「霊」を加えて、それが「一種の神性のごとき魂」であると語り、「霊・魂・身体」の三分法によって人間を把握した。この身体と精神との統一と分裂から人間を捉える視点は聖書的であって同時にプラトン的であると彼は主張する。ここに哲学的理性と宗教的霊性との同一視が起こってくる。ここでは人間が動物と神との中間的存在であるとされるが、それは人間には動物とも神ともなりうる可能性が認められるからである。神と獣とのどちらに向かうかを人は自己の意志によって決断することができる。ここから決断の主体として自由意志が与えられる。[*4] こうした自由意志の肯定的な理解は宗教改革者ルターの「奴隷的意志」の主張と真正面から対立し、のちに論争が起こってくる。

エラスムスは確かにキリストの姿をも倫理的な特性である愛の徳について語ってはいても、「霊的に」（spiritualiter）はもはや「精神的に」というプラトン主義的な精神性ではなく、キリスト教本来の意味で使用する。たとえば「あなたが肉であるなら、あなたは主を観ないでしょう。あなたが主を観ていないとしたら、あなたの魂は救われないでしょう。だから、あなたが霊となるように配慮しなさい（Cura igitur, ut sis spiritus）」[*5]と。したがってエラスムスの霊の理解には精神の理性的な機能が残されていることになって、霊を理性とは別の機能であるとは考えない。したがって純粋にキリスト教的な意味で使用していない。

⑵ルターが心身の二元論から離れて「霊・魂・身体」という三分法を用いるようになったのは『マグニフィカト』（一五二一年）からである。彼はこの書の中で「マリアの讃歌」（ルカ一・四六―五五）を講解し、「霊」を厳密に定義して、次のように言う、「第一の部分である霊（geist）は人間の最高、最深、最貴の部分であり、人間はこれより理解しがたく、目に見えない永遠の事物を把捉することができる。そして短くいえばそれは家（haus）であり、そこに信仰と神の言葉が内住する」と。それ

に対し魂（seele）は身体を生かす生命であって、主たる働きは「理性」（vornunfft）であると説いた。この霊は「理性の光も自然の陽光も照らさない、したがって暗闇の中にある、至聖所のような神の住まいであって、そこに内住する神の言葉の語りかけを聞いて信じるという信仰の機能を備えている」。とりわけこの霊が聖《きよ》くないと人間は自己破壊を引きおこすので、最大の戦いと最大の危険は霊の聖さにおいて生じる。その聖さは全く純粋な信仰にかかっている。[*6] さらに霊の機能は神の前に立つ意識である「良心」によって解明された。このような厳密な霊の理解はルターの神学の最大の特徴となった。

(3)カルヴァンは青年時代に『プシコパニキア』（魂の目覚め）を書いて霊性の新しい理解に到達した。「魂」が身体の生命活動を司る「息」として生命原理であるのに対し、「霊は神の像であり、神の像に倣って霊は活力と悟性をもち、永遠であるという信仰を持ち続けよう。霊はこの肉体の中にあっても力を現すが、この牢獄を出ると神の御許に行き、至福の復活の望みに憩いつつ、神の現存を享受する」。[*7] ここでは肉体を牢獄と見なすプラトン主義がいまだ完全には払拭されていないが、霊性の機能が「神の現存の享受」に置かれた。ところが彼はアウグスティヌスのエゼキエル書三七章の解釈を通して「霊」の正しい理解に到達する。こうして「霊的で人間の感覚より高い事柄が、物体的な、目に見えるしるしによって表象されている。つまりエゼキエルは、神の霊と人間の霊とを、幻によってさながら像のように眼前に活き活きと表そうとした」。[*8] したがって「土〔である人間〕は確かに塵に帰るが、神が土とは別のところから取られ、人間に与えた霊はそうではない」。この霊は「良心」の感得作用と同じ働きをもっており、[*9] そこにはただ神の言葉を感得する作用が認められる。[*10] その後、彼は『キリスト教綱要』初版（一五三六年）を書き、それによって人間観が変化したことが知られる。さらにその完成版でも知性と判断力が霊に伴われているとの理解に達し、霊性の理解が深められた。

(3)「霊性神学」の確立

このキリスト教的人間学の三分法から宗教改革者たちはそれぞれ特徴ある「霊性神学」を確立した。[*11] ここではその特質だけを指摘するにとどめたい。

(1) エラスムスの霊性思想

エラスムスはその本質において人文主義者であって、教義学者ではない。彼は人間が日常的に営んでいる生活から人間を捉え、倫理的な実践活動を観察しながら人間学を確立した。たとえば「もしあなたに身体が与えられていなかったら、あなたは神のような存在であったでしょうし、もし精神が付与されていなかったら、あなたは獣であったことでしょう。相互にかくも相違せる二つの本性をかの創造者は至福の調和へと結び合わせました」[*12] と言う。ところが現実を見ると至福の調和などどこにもない。そこで聖書にあるアダムの堕罪物語によってこの調和を悪魔の蛇が乱し、罪に陥れたと説く。したがってこの状態が悪魔の誘惑によって起こると説かれても、そこに転落したのは過度の欲望や愚かさに由来すると述べて、倫理学的な説明を与える。

(一)「霊」についての説明でもその内容がいつも倫理的であって「神の本性の似姿をわたしたちが表現している〈霊〉のなかに、最善の創造者が自己の精神の原形にしたがって、かの永遠の徳義の法を指でもって、つまり自己の霊でもって刻み込んだのです[*13]」と説かれる。しかも「霊」（spiritus）は「神の本性の似姿」であって、「神の精神の原形」にしたがって永遠の法が与えられているとあるように、霊が精神と同質のものと説かれる。このように神学的でも、体系的でもなく、だれでも理解できる仕方で「霊」や「霊性」を倫理的に説明する。とくに初期にはこの点がプラトンと対比して説いたので人気を博したといえよう。

(二)ところで彼によると魂は善とも悪とも規定されない中間的なものであるが、その自由な選択行為によって自己形成をなす。魂には決断の自由がある。「二つのうちのどちらかに決定しようとするかは、魂の自由である」。「二つのうち」とは霊が求めるものと肉が誘うものである。つまり、「魂は岐路に立っていないのでしょうか。肉がこちらでは〔魂を〕誘惑し、霊がそちらでは促しています[*14]」。もし霊と肉との葛藤が原罪に由来するとするなら、現実の罪は肉や魂のより下劣な情念に従う自由意志によって決断した結果である。しかし二つの誘因は同等のものではなく、理性がかつて肉に対し支配力をもっていたように、堕罪以後においても精神は知性に命令し、意志はそれをある程度は選び実行することができる。したがって罪は自由意志が知性の命令に従って徳を実現するときに挫折したことの自覚から起こってくる。こうして初めて決断の行為が功績と考えられる[*15]。それゆえ人間の気質・傾向・特性も自然本性に属するので、これらを徳と考えてはならない。また善でも悪でもない中立的な性質を徳性と見誤ってはならない。むしろ行為者の内的意図や行動の動機から行為を判定しなければならない。たとえば評判や利益をめざして行為する人は「霊」ではなく「肉」の臭いがする[*16]。今やエラスムスが霊と肉を外面的にではなく、行為の内的意図の下に区別していることが明白である。ここに彼の優れた倫理的洞察が認められる。

㈢「霊」を自然本性としてのみならず、霊的な生き方として主体的に捉えるとき、キリスト中心主義ともいうべき宗教的な理解が拓かれる。外的に敬虔を装う偽善こそ内的意図からあばかれ、肉的人間として判断される。なぜなら神は霊であり、断食が外的に敬虔さを装っても内的には他人を裁いたりする自己中心の動機が「肉」とみなされるからである。この場合、肉とはもはや食物や身体のことではなく、他人を無視して自分のことばかりを神に向かって主張する態度である。

エラスムスは人間をそのあるがままの姿で理解しようとし、自己自身にとどまり、自己自身から人間に固有なものに価値を与えようとする。したがって神と人間の関係を神学的に考察するルターとは根本的に相違し、エラスムス的人間はあくまでも人間に内在する立場にもとづいている。[*17]

⑵ ルターの霊性思想

ルターにとって霊は既述のように心の最上位の部分であり、その場で信仰が神の言葉と一つになる経験が生じる。このような霊性の場所的表現はドイツ神秘主義の「魂の根底」に由来する。ここではこの霊性に立つ信仰の特徴を列挙しておく。

㈠「信仰によるのみ」（sola fide）という信仰義認は人間に付帯する自然的な能力のすべてを除去し、ただ信仰の受動的な作用のみを認める。こうして信仰は純粋な「心の信頼」として理解され、現世的所有・業績・権力そして愛からも人は解放され、一人の人格として神の前に立つ。ここから「神の前」と「人々の前」とが明瞭に区別され、これにより宗教と倫理とが峻別される。ルターの霊性は宗教を倫理から純化して把握されており、エラスムスの思想を神学的に純化している。

(二)ルターは霊の働きを宗教的な「良心」の機能によって絶えず解明する。そのさい良心は霊と同義であるが、それは厳密には「試練を受けた良心」である。[*18] 彼の良心は絶えず試練の前に立たされる。しかもこの試練は内発的な「誘惑」(Versuchung)ではなく、外から襲ってくる「攻撃」(Anfechtung)として外発的に把握される。だがこの試練によって霊性はその信仰を純化され、神との内的な一致に向けられる。試練は死の試練・律法の試練・サタンの悪魔的試練として彼に臨み、絶望と破滅の淵に彼を突き落とす。このような地獄的な試練から自己の「無」なる有様を徹底的に認識した者は、仲保者キリストへの信仰によって「有」となる。これが「無からの創造」という信仰の動態である。

(三)『キリスト者の自由』で強調されているように、霊において神の言葉であるキリストと一つになることが花婿と花嫁の結婚というかたちで次のように説かれる。

信仰は単に魂が神的な言と等しくなり、すべての恩恵に満ち自由にかつ祝福されるようにするばかりでなく、更に魂をして、あたかも新婦をその新郎に娶合わすようにキリストと一体ならしめる。……このように富裕な高貴な義なる新郎キリストが貧しい卑しい悪い娼婦を娶って、あらゆる悪からこれを解放し、あらゆる善きものをもってこれを飾りたもうたとしたら、それは何とすばらしい取り引き(家計)ではないか。[*19]

ここでの花婿と花嫁との結婚はキリストが「富裕な高貴な義なる新郎」であるのに対し、魂のほうは「貧しい卑しい悪い娼婦」であると対比される。それゆえ両者の結合関係は常識的な対応関係を完全に覆す「逆対応」となっている。[*20] ここには神秘主義の用語「神秘的合一」（unio mystica）が用いられており、神ではなくキリストとの合一が説かれているがゆえに「キリスト神秘主義」という特徴、また思惟や意志による合一ではない「信仰の神秘主義」という特徴が示される。

(3) カルヴァンの霊性思想

カルヴァンは既述のように『プシコパニキア』で霊性の新しい理解に到達した。[*21] 彼によると「魂」は人間に呼吸を与え、身体の生命活動を司る「息」として生命原理であるのに対し、「霊」は心の再生に関わる。「しばしばこの語〔霊 spiritus〕は御霊がわたしたちの内に再生されることを表わすのに使われる」。[*22] また「人間の中にある神の像は、〈霊〉のうちにのみ座を占める」。[*23] この霊は「神の像」であり、神から霊は活力と悟性をもち、神の現存を享受する。[*24] さらにこの霊が「良心」の感得作用と同じ働きをもっていることが、良心の呵責によって示される。[*25] そこにはただ神の言葉を感じとる作用が認められる。

なおカルヴァンは後にルターから人間本性の堕落という原罪説を受け継ぎ、自然的な賜物である精神の健全さと、心情の公正さは罪によって腐敗したが、知性と判断力とのなにがしかの残余は意志とともに残っていると説くようになる。ここにルターのみならずエラスムスの影響も認められる。そこでこの点を知性、敬虔、キリストとの合一を通して検討してみよう。

㈠知性の機能　人間の市民としての活動には政治的秩序の種子が見られるように、心には「宗教の種子」が含まれている。このことは理性の光が付与されていることを証明する。[*26] したがって人間の才能の中には「〈理性〉と〈知性〉の普遍的な理解が生来植え付けられている」。それは「神の特別な恵み」として認められる「普遍的な善」であって、そこに「神の形の何らかの残存のしるし」[*27]が捉えられる。だがカルヴァンによる人間の欠乏の告白と神の約束とは反比例の関係にある。彼は言う、「わたしたちの低さは神の高さになるのであるから、自己の低さの告白は神の憐れみに癒しの備えをさせるのである」[*28]と。ここにわたしたちはルターのもとで考察した霊性の機能を認めることができる。

㈡敬虔と霊性　カルヴァンは『キリスト教綱要』の「フランス王への献呈の辞」で「わたしの願いは、ただ、いくつかの初歩的なことを示して、宗教に熱意をもつ人々を真の敬虔へ手引きすることにすぎなかった」と述べているように、「敬虔」こそ彼の全思想の意図するところであった。[*29] この「敬虔」(pietas) こそエラスムスが力説してやまない中心思想であり、初期の代表作『エンキリディオン』はそのために書かれた。だがカルヴァンによると真の敬虔の源泉は神の言葉のほかになく、神がその言葉によって啓示する内容と本質はキリスト教的な霊性の権威ある土台となる。なぜなら聖書こそ神についての真なる知識の源泉にして規範であるから。しかし、さらに重要なことは信仰によって神の言葉を主体的に自分のものとすることである。そこには聖書自身の確実性と信仰者の内部における「聖霊の証」の信憑性との、二つの関係が重要な意味をもち、緊張関係にあることが知られる。こうしてそこには一方において聖書が授ける文字通りの霊感があり、他方には聖霊の働きを受ける信仰が人間の内にある。これが霊性の機能である。聖書はそれ自身によって真理であるが、その真理の確かさは聖霊によって心に与えられる。それゆえ「信仰とは、神のわたしたちに対するいつくしみの意志についての、堅固で確実な認識である。そして、これはキリストにおける価なしの約束の真理に基礎を置き、聖霊によって、わたしたちの精神に啓示され、わたしたちの心情に証印されるものである」。[*30]というのは「福音は辯舌の教えではなく、生命自身の教えであって、魂の全体を占有し、心の最も奥深い感情のうちにその座と隠れ家を見いだすときにのみ、受容される」[*31]からである。こうして福音は聖霊の働きを介して霊によって受容される。

㈢キリストとの合一　このような霊性の作用によって福音が受容されると、そこからキリストとの合一が実現する。「主〔イエス〕はこの恵みを御自身の御霊によってわたしたちにほどこしたまい、わたしたちを彼と一つのからだ、一つの霊、一つの魂としたもう」[*32]。このキリストとの合一は「神秘的な合一」とも呼ばれる。[*33]この合一は実体的な融合ではなく、双方の意志によって人格的に一体となることから生じる。それはまた花嫁神秘主義と同じく「聖なる婚姻」とも呼ばれる。[*34]

（4）激動の時代における神学方法論

このような改革者たちの霊性思想が生まれたのはヨーロッパの一六世紀という時代との対決を通してであった。一六世紀の前半は政治的にも精神的にも激動の時代であり、中世から近代への過渡期に位置している。宗教改革はルネサンスの時代に教会の生命の復興もしくは新生を求めた人々が起こした精神運動であり、その指導者たちも多数の協力者、つまり選帝侯や都市の有力者の協力と支持を得てはじめて遂行された。しかも政治的に見ると「ルターは軍事的な出来事に満ちた時代に生き、また外交関係がたえず高度の緊張状態におかれていた雰囲気のうちに、その使命を果たしたのであった」[*35]。こうした政治的緊張状態はトルコ軍の西進による東方からの恐るべき危険が迫っていたのにもかかわらず起こり、ヨーロッパは一致団結してこれに対処できず、ハプスブルク家のカール五世とフランス王フランソワ一世との二大勢力は対抗し合い、激しい戦いをくり返した。ところが都市は資本の集中により経済的に強力になり、文化的にもっとも進歩していたが、農民のあいだには依然として不満の声が高まっていた。これに加えてローマ教皇と教皇庁は教会国家の支配者を自任し、ヨーロッパ二大勢力の抗争の間に割って入り、政治的に画策した。こうして生じた政治上の権力闘争の狭間に立って宗教改革は不思議にもその歩みを続けていった。

このように外見上では宗教改革は政治史にすべて還元されるように見えるけれども、エラスムスはただ言論の力によって政治的にも活躍し、ルター自身は果敢にも政治的な権力者である教皇に対決して挑戦するように追い込まれ、カルヴァンは教会の迫害によって政治的には亡命生活を強いられた[*36]。そのため改革者たちはその神学思想を組織的に考える余裕はなかったが、それでも何らかのかたちで神学の方法論を語っている。

(1) エラスムスの神学方法論

エラスムスは『新約聖書の序文』（一五一六年）に収められた「方法」の部分を敷衍拡大して『真の神学方法論』（一五一九年）を書いた。この書によって彼の方法の特質を述べてみよう。彼は聖書をへブライ語とギリシア語の原典で学ぶように繰り返し説き、これらの言語をある程度理解していないと、思わぬ誤解に陥ることが起こると言う。このことはとりわけ神学の研究を志す人々には必要なことであり、天上的な学問である神学への道と方法を伝えるために偉大な学者が求められるが、彼はそれをアウグスティヌスの『キリスト教の教え』全四巻に求め、その模範にしたがって聖書解釈の方法を検討する。[*37] 聖書を理解するには聖書で使われている言語の使用法を習得しなければならない。彼は言う、「というのも〔言語の〕転義的使用、アレゴリー、比喩、譬え話によって聖書はほとんど覆われ、ところどころ謎めいた不明瞭さにまで遠回しに述べられているからです[*38]」と。彼によると聖書の言葉の解釈には二つの意味の層があって、第一は字義的・歴史的意味であり、第二に神秘的・霊的意味がある。この二つの層は比喩と転義によって結びつけられる。なかでも比喩的解釈は字義的意味から霊的で神秘的な意味へ、同じく歴史的意味から霊的で神秘的な意味へ向かうが、エラスムスは比喩的解釈を実行するために字義的な言葉や歴史的な出来事のなかに神秘を捉え、そこに霊的な意味が宿っているのを見いだす。この比喩的な方法によって聖書の言葉や物語のなかに、表層的には不可解な表現のうちにも、神秘そのものである父なる神の愛がどのように捉えられるかを考察する。こうして字義的意味に優る意味が神の愛と人の信仰によって捉えられる。エラスムスの神学方法は聖書の解釈法であって、文献学的な人文学の精神によって構成されている。この方法こそ聖書にもとづく宗教改革の思想を生み出す土台となった。

(2) ルターの神学方法論

ルターは初期から晩年に至るまで聖書学の教授として活躍し、聖書を講解する任に当たった。しかし著作に専念する余裕が全くなく、残された膨大な著書の多くは弟子たちによる講義の筆記録なのである。生涯の終わりになってドイツ語全集の序言で初めて「祈り・省察・試練」(oratio, meditatio, tentatio) という神学方法を書き残した。それは形式から見ると中世の神秘主義で説かれた「聖書朗読・省察・祈り」(lectio, meditatio, oratio) に似ており、そこでは義人の訓練として観照にいたる神秘的階梯が強調されていた。[*39] これに対し、

㈠ルターは理性によって神学を開始することを危険視し、「聖書朗読」の代わりに神に理解を求める「祈り」を置いた。このように祈りを最初においたのはルターの神学が理性によって確立されるのではなく、信仰や霊性によることを示唆する。

㈡それに加えてルターは新たに「試練」(tentatio) を立てた。というのも彼の神学思想の形成に対して試練が大きな役割を演じているからである。彼は『卓上語録』の中で次のように語っている。「わたしは自分の神学を突然に学んだのではなく、ますます深く追求しなければならなかったのであるが、そうするようにわたしを導いたのは、わたしの受けた試練であった。なぜなら、悪魔の陰謀と試練の外では、聖書は決して理解されえないから」[*40] と。このように試練は神との関係が外から来るもろもろの力によって試みられる経験であって、苦難や受苦とほぼ同義語である。この苦難をどのように受容するかに彼の思想は集中する。[*41] 同じことはカルヴァンでも言えるのであって、試練は彼を亡命

生活へと追いやったばかりか、同じく亡命を強いられている友人を力づけるために彼は著作活動に入った。

㈢さらに「省察」が神学の方法としてもっとも重要である。ルターは初期の『第一回詩編講義』以来「省察」の重要性に絶えず言及していた。というのは「省察」は、誤りやすい理性とは異なり、人間の心の深みに向かう傾向をもっているからである。つまり、この「省察する」(meditari) 働きは理性的 (rationalis) ではあっても、単なるスコラ学のような論証的な思惟とは異なり、最内奥の自己に向かう運動である。[*42] また彼は『キリストの聖なる受難の省察についての説教』ではキリストの受難についての間違った省察を批判し、「キリストを仰ぎ見て、その受難に心から戦慄し、自己の良心を絶望のなかに沈める者たちが、キリストの受難を正しく省察している」[*43]と言う。さらに「この省察は人間を本質から変える」と説いた。[*44]

(3) カルヴァンの神学方法論

一見すると壮大な規模を示すカルヴァンの『キリスト教綱要』も初版はそれほど大きな書物ではなかったが、絶えざる改訂と追加によって加筆修正された。彼の時代にはカトリック教会は宗教改革によって打撃を受け、劣勢に追い込まれた勢力の挽回を図ってトリエントの公会議を開いた。これに対抗してプロテスタントも自らの教義を確立する必要を感じるようになり、カルヴァンが『キリスト教綱要』の改訂と増補によってそれに対処した。そのとき彼は知性が罪によって無能となっても恩恵によって再生できると確信し、プロテスタントの教義を組織的に叙述することになった。ここに霊性にもとづく知性的な神学的方法論が次のように展開する。

カルヴァンによると理性による霊的な認識には三つの問題点があって、㈠「神を知ること」、㈡「わたしたちに対する神の父としての慈愛——ここにわたしたちの救いが存する——を知ること」、㈢「神の律法の規範にしたがって、わたしたちの生をどのように形成すべきかを知ること」が重要である。その場合、第二の点については、もっとも才知に富んだ人でも、「もぐら」よりも見る目がない。哲学者たちは神について巧に、かつ適切に語ったときでも「何か目のくらんだ空想」にすぎない。したがって「主なる神は御自身の神性のわずかな味わいを彼らに与えたもうたが、それは無知を口実として彼らが不敬虔の言いのがれをすることがないためであった[*45]」。ここから彼は「神の奥義を理解するに価するものは、ただ神の恩恵によって照明されたものだけである」との結論を下し、罪による人間の全面的な堕落を強調する。彼は言う、「こんなにも無力にされ、おびただしい闇の中につつまれた精神を、完全であり、健全であるということはできない」。しかしながら彼は同時に善・悪を見わけ、理解し、判断する「理性」は「完全には消し去られていない」、したがって「部分的に弱り、部分的に破壊されているので、そこなわれた形でしか残っていない」と説く。ここから「第一に、人間のよこしまな、墜落した本性のうちにも、今なお火花がひらめいており、それが、人間は知性を与えられているがゆえに理性的なものであって、野獣と異なることを示すのである。しかし、第二に、この光は厚い無知の中に窒息させられていて、有効にあらわれ出ることができない」と見なされる。そこでこの「知性」を検討してみよう。彼は言う、「人間の知性はたえず盲目であって、〔この世の〕いかなるものをも認識することもできない」とは断定できない。なぜなら、そうすると、それは単に神の御言葉に反するばかりでなく、一般的感覚の経験にもそぐわないからである。たとえば「人間の精神の中に、真理を探求するある願いが植えつけられている」から「人間の〈知性〉はある認識力をすでにもっており……これによって生まれながらに真理への愛にかりたてられる」[*46]。このようにカルヴァンは理性による霊的な認識を人間の知性において認めた。これが霊的人間のもつ力であり、これを育成することが神学の任務なのである。

終わりに

これまでわたしたちは三人の改革者の信仰を「教義神学を支える霊性神学」という観点から考察し、その共通点と差異について考察した。すべての人間に与えられている霊性の機能はこれまでは一般的に言って信仰論のなかで扱われてきた。だが、従来の信仰論では教義と霊性とが分けて考察されなかった。それゆえ信仰の対象である教義にのみ関心が向けられ、信仰がもっている独自の作用や機能が検討されてこなかった。この作用や機能は外的に観察されないので、現象学の方法によって初めて明らかになる。ここから宗教改革者たちの思想がいっそう鮮明になり、また改革者相互の教義学的対立から解放され、信仰の共通点が浮き彫りにされることで、さらに他の宗派や宗教との対話も可能となり、ここからキリスト教の普遍性がいっそう広がっていき、理解が促進されるのではなかろうか。世界のグローバル化が拡大しつつある現在、キリスト教信仰も霊性による他宗派や他宗教との相互理解を促進させて、新しい展開を生み出すことが期待される。

注

＊1　「信仰」には信仰の対象である教義の側面と、信仰するという主体における作用の側面との二面があって、前者が教義神学を生み、後者が霊性神学となる。そのさい宗教改革者たちがどのように信仰の主体的な機能を捉えていたかが考察されねばならない。しかし霊性の本体である「霊」は「魂や身体」とともにキリスト教的人間学の区分法で認められ、エラスムスとルターはその区分法の提唱者である。

＊2　本書の第三章でこの問題は詳しく論じているので、ここでは要点のみを記す。

＊3　エラスムス『エンキリディオン』金子晴勇訳「エラスムス神学著作集」教文館、二〇一六年、四〇頁。

＊4　エラスムス『評論「自由意志について」』山内宣訳「ルター著作集7」聖文舎、一九六六年、二七―三九頁。

＊5　エラスムス『エンキリディオン』五六頁。

＊6　Luther, WA 7, 550, 28–551, 13; 551, 29–31.

＊7　カルヴァン『プシコパニキア』久米あつみ訳『カルヴァン論争文書集』教文館、二〇〇九年、八〇頁。

＊8　カルヴァン、前掲訳書、八四頁。

＊9　カルヴァン、前掲訳書、八五頁。

＊10　カルヴァンは言う、「神は肉体を死に渡されるが、霊は生命のうちに維持してくださるのだ」（カルヴァン『キリスト教綱要』久米あつみ訳、教文館、五九頁）。また「肉の滅びこそが霊を活かすことだ。そのとき魂は本当に霊的なものになる」（同訳書、三八五頁）と。

＊11　これに関してわたしはすでに詳しく考察してきた。『ヨーロッパ人間学の歴史――心身論の展開による解明』（二〇〇八年）と『現代ヨーロッパの人間学』（二〇一〇年）を参照。

＊12　エラスムス、前掲訳書、四〇頁。

＊13　エラスムス、前掲訳書、五三頁。

＊14　エラスムス、前掲訳書、八三頁。

＊15　エラスムス、前掲訳書、八三頁。
＊16　エラスムス、前掲訳書、五六頁。
＊17　B. Groethuysen, Philosophische Anthropologie, S. 181.
＊18　金子晴勇『ルターの人間学』創文社、一九七五年、二七八—三三〇頁参照。
＊19　Luther, WA 7, 25, 26-26, 7.
＊20　一般的な「対応」ではよい花婿とよい花嫁とが結ばれているが、ここでは義なる、つまり善い花婿と悪い花嫁とが結ばれているがゆえに、その関係は逆対応となっている。この点の詳しい説明は金子晴勇『ルターの霊性思想』教文館、二〇〇九年、一六二—一六六頁参照。
＊21　この書の原題は「キリストを信じる信仰のうちに死んだ聖徒たちの魂は眠ることなくキリストの内に生きていること」であって、一五三四年にオルレアンで執筆されたが、出版は八年後の一五四二年であって、その間に当初の新プラトン主義的な「心霊主義」を脱却し、福音主義に転じたと考えられる（森井眞『ジャン・カルヴァン——ある運命』教文館、二〇〇五年、五五—五七頁参照）。
＊22　カルヴァン『プシコパニキア』久米あつみ訳『カルヴァン論争文書集』五一頁。
＊23　カルヴァン、前掲訳書、五四頁。
＊24　カルヴァン、前掲訳書、八〇頁。
＊25　カルヴァン、前掲訳書、八五頁。
＊26　カルヴァン『キリスト教綱要』第二編第二章一三節、渡辺信夫訳、新教出版社、一九六二年。
＊27　カルヴァン、前掲書、同右。
＊28　カルヴァン、前掲書、同一一節、邦訳、四六頁。
＊29　カルヴァン、前掲書「フランス王への献呈の辞」邦訳、一九頁。
＊30　カルヴァン、前掲書、第三編第二章、七節（III, 2, 7）。信仰は人間の判断を超えている聖霊の働きによっ

て人間の内に注ぎ込まれる（同第三編第六章、二節）。

＊31 カルヴァン、前掲書、第三編第六章四節。

＊32 カルヴァン、前掲書、第四編第一七章一二節、邦訳、九一頁。

＊33 「したがって肢体であるわたしたちとわたしたちの頭との結合、キリストのわたしたちの心の中への内住、そして最後にわたしたちが彼を喜び受ける神秘的合一がわたしたちにとって最高位に位置する」（カルヴァン、前掲書、第三編第一一章、一〇節、邦訳、二四七頁）。

＊34 カルヴァン、前掲書、第三編第一章、三節、邦訳、一七頁。

＊35 ラウ『ルター論』渡辺茂訳、聖文舎、一九六六年、一一頁。

＊36 したがって歴史家ラウは言う、「もしも、今日なお歴史を神の摂理のわざとして記述するのがならわしであるならば、ルターの歴史はすみからすみまでその証拠としてあげられるであろう」（ラウ、前掲書、一七頁）と。

＊37 エラスムス『エラスムス神学著作集』金子晴勇訳、教文館、二〇一六年、二八六頁。

＊38 エラスムス、前掲訳書、三九四―三九五頁。

＊39 フーゴーは『ディダスカリコン』（学習論）第五巻、第九章「四つの段階について」の中で神秘的階梯について語っている。Hugo de Sancto Victore, Eruditio didascalia, ミーニュ編『ラテン教父著作集』第一七二巻、七九七頁。

＊40 Luther, WA Tr. 1, 352.

＊41 同じようにエラスムスも言う、「試練の攻撃を何も受けていないなら、それは人が神のあわれみから拒絶されていることの最大の証明であります」（前掲訳書、一四七頁）。

＊42 「省察の能力は理性的ではない。というのは、省察とは注意深く、深淵的に、熱心に考えることであり、心において沈思熟考することを本来意味しているからである」（WA 3, 19, 24-30）。

＊43　Luther, WA 2, 137, 10ff.
＊44　Luther, WA 2, 139, 14.
＊45　カルヴァン、前掲書、同一八節、邦訳、五四頁。
＊46　カルヴァン、前掲書、第二編第二章一二節、四六―四八頁。

6　エラスムスの聖書解釈法

はじめに

エラスムスは本質的に文献学者であって、聖書をも神学者としてではなく、文法学者として正確に解釈しようとする。すでに一五〇〇年頃から彼は新約聖書を理解するためにギリシア語の知識がいかに重要であるかを知っていた。人々はもはや古いラテン語の翻訳であるウルガタでは満足できなくなっていた。エラスムスは一五〇四年にイタリアの人文主義者ロレンツォ・ヴァッラの未刊の著作『新約聖書注解』の写本を発見したとき、その試みのすばらしさに感動した。そこでは新約聖書のギリシア語のいくつかの手書き本がウルガタと比較対照されていた。その翌年にエラスムスはこの著作に重要な序文を付けて刊行した。その序文の中で彼は、ウルガタに対して神学者だけが批判すべきであって、言語学者はそうすべきでないという異議を論破した。彼は言う、「聖書を翻訳するというこの課題の全体は文法学者が関与する事柄である。ある場合にはモーセよりも〔その舅〕エトロの方が賢いことがあっても、それは馬鹿げていない」[*1]と。この比較は示唆に富んでいる。文法が世俗の学問に属していても、それは神学に役立つことができるからである。

その後エラスムスは人文学の研究を続け、この領域における学問研究の方法を探求していった。この成果は学問の方法を論じた小冊子『古典読解の研究方法』（De ratione studii ac legendi interpretandique autores. 1511, 1514）で表明された。さらに彼は文法や表現法の研究に入っていき、その著作『言葉とものとの双方の宝庫』（De utraque verborum ac rerum copia. 1512, 1540）に彼の修辞学の研究成果が発表された。この書は二巻に分かれており、第一巻は文章表現における修辞学の使用法（同義語、換称法、迂遠法、隠喩、寓喩、比喩の間違った使い方、声喩法、換喩、提喩＝代喩、誇張法、作文法など）を多くの古典からの引用で豊富に示し、第二巻は文章を潤色したり、多様に表現する方法を詳論する。ここに展開する修辞学の表現論は先述の『古典読解の方法』とともに人文学の方法論であって、エラスムスの学問的貢献に数えられる。さらにこの学問方法論を神学に応用したのが『真の神学方法論』（Ratio seu compendium verae theologiae. 1519）に展開する聖書の解釈学である。

エラスムスはその神学思想の核心を述べた『真の神学方法論』で聖書をヘブライ語とギリシア語の原典で学ぶように奨励する。それは言語が一般的に「もの」を表現する「しるし」として象徴機能をもっており、それぞれの言語に特有な表現法が認められるからである。それゆえ言語をある程度は理解していないと、思わぬ誤解に陥ることが起こる。それはとりわけ神学の研究を志す人々にとって必要不可欠なことであり、天上的な学問である神学への道と方法を伝えるために偉大な学者が求められるが、彼はそれをアウグスティヌスの『キリスト教の教え』全四巻に求め、その模範にしたがって聖書解釈の方法をこの書で検討している。[*2]

（1）エラスムスの聖書解釈学

エラスムスの時代には中世以来説かれてきた「聖書の四重の解釈」（字義・比喩・転義・類比による解釈）が採用されていた。その中では比喩と転義が区別されていたが、彼はこの区別を採用しないで、両者を同一視したアウグスティヌスにしたがっている。こうした修辞学的な表現方法の区別が使用されないと、聖書解釈の困難さが起こってくる。この点に関して彼は次のように語る。

だが、聖書がわたしたちに伝承された言語自身の性質の中に〔聖書を理解する〕困難な大部分は横たわっています。というのも〔言語の〕転義的使用、つまりアレゴリー、比喩、譬え話によって聖書はほとんど覆われ、ところどころ謎めいた不明瞭さにまで遠回しに述べられているからです。[*3]

したがって聖書を理解する上で困難な問題は、言語表現の多義性と多様性にあると考えられた。この点はアウグスティヌスによってすでに指摘されていた。それゆえ聖書の不明瞭な表現は聖書の明瞭な表現から理解するように勧められる。なかでもユダヤ人が学んでいた預言者たちの言葉が説明に使われたり、キリストの神秘が俗人や不敬虔な人たちに分からない場合が起こってくる。そこで彼はイエスが試みた「譬え話」をとりあげ、そこに驚くべき説得力が秘められていると言う。たとえば

「放蕩息子の譬え話」を取り上げて、「譬え話は教えたり説得したりするばかりか、心情を刺激したり、喜ばせたり、わかりやすくすることに、同じ教えが直ぐに消えないようにそれを心に奥深く刻みつけるのに有効なのです。……譬話なしに語ったときよりも、もっと激しく魂を打つことがあろうか、と言いたいです」と彼は言う。しかも他の物語をそれに追加すると、「この思想が比喩というおびき寄せる手段によって聞いている人たちの心にいっそう効果的に流入するため、牧者によって探し出され、その肩に担がれて家に連れ返された迷った羊の像や、同じく入念に捜されてやっと見いだされたドラクマの譬え話でもって、いっそう深く心に刻み込まれます」。そこには「他の譬え話」が「比喩」という手段によって心にいっそう有効に作用すると説かれる。さらにアレゴリー（寓喩）も説得力をもっているため、使われているし、イサク誕生の物語を「アレゴリーのベール」を使って人間には考えられない神的な可能性について話すと、聴衆は夢見るようになるとも語られる[*4]。

このように譬え話は伝達したい事柄をいっそう印象的に心に刻み込む働きを発揮する。

パウロと他の弟子たちも譬え話を用いて〔表明したい〕事柄を〔人々の〕目に提示しており、しばしばそれを繰り返して〔人々の〕心に刻みつけています。たとえばパウロは時々わたしたちを神のために献げられた神殿とか聖霊の神殿と呼んでいます（一コリ三・一七―一七、六・一九参照）。これを世俗の用に供することは冒瀆です。同じく〔福音に対する〕ユダヤ人の躓きと異邦人の召命という全問題はオリーブと野生オリーブや根と枝の譬によって論じられています。ひとたび伝承されて多くの人を動かした教えのことを彼はパン種と呼び、群衆のことを練り粉の名称で告げ、誠実な人たちを無酵母のパンと、腐敗した人たちをパン種で発酵した人たちと呼びます（同五・六―七参照）。[*5]

このように事物がさまざまな言葉で表現される。この引用にあるように「わたしたち」と「神殿」、「伝承された教え」と「パン種」とが置き換えられる。実はこの「置き換える」(transferre) ことからアウグスティヌスは「転義」(tropus) を語っており、「転義的」(translate) や「転義的解釈」(tropologice) が聖書の解釈に使われるようになった。

このように聖書では転義法が生まれ、実際には譬え話や比喩が多く使われる。そこには同時にエラスムスが強調する「物語による叙述」という方法が採用されており、これはスコラ神学で展開する、理性的で概念的な抽象的思考とは全く異質であることが力説される。このことをエラスムスは簡潔に言い表わして「全問題をアリストテレスやプラトンの三段論法によってではなく、比喩によって説明する」[*6]と言う。そうはいっても、こうした転義的な言語の使用には回りくどい「転置法」や厄介な「誇張法」も多く認められる。また言葉の両義性も問題となる。それにもかかわらず彼は聖書の比喩的な表現には隠された神秘が見いだされると主張する。ここが重要である。

エラスムスによると聖書の言葉の解釈には二つの意味の層があって、第一は字義的・歴史的意味であり、第二は神秘的・霊的意味である。この二つの層は比喩と転義によって結びつけられる。したがって比喩的解釈は字義的意味から霊的で神秘的な意味へ、同じく歴史的意味から霊的で神秘的な意味へ向かうが、彼は比喩的解釈を実行するために字義的解釈を捨てたり、軽視して退けたりしない。そうではなく字義的な言葉や歴史的な出来事のなかに神秘を捉え、そこに霊的な意味が宿っていることを彼は指摘する。こうして聖書では字義的で歴史的な意味の中に霊的もしくは神秘的意味が含意されていると彼は主張する。この点に関して彼は次のように語っている。

わたしたちは比喩的解釈に立ち帰るべきです。なぜなら全聖書はそれによって成立しているからです。これによって永遠の知恵はわたしたちに、片言のようにではありますが、語っており、このような細心の注意を〔聖書に〕向けないと、とりわけ旧約聖書の諸書においては有益な大部分が読者から逃げて行くでしょう。言葉の意味は単純に受け取られると、しばしば誤っているし、時には馬鹿げていたり、不合理なものです。神の知恵はそれをも歴史の文脈に違反しないかぎり、わたしたちがそこには更に深く隠された意味がないと考えないために、救済計画にもとづいて配慮なさいました。[*7]

それではここに語られる「更に深く隠された意味」とは何であるか。エラスムスは「神の愛」を神秘と考える。それも「救済計画」にもとづいて配慮したとあるように、キリストの受肉に示されており、神秘とは父なる神の言い表わしがたい愛を意味する。事実、この愛のゆえに神の子が人となったが、そこには御言が愛によって一人びとりに降る働きが同時に示される。こうしてキリストはすべての人にすべてのものとなることによって、万人を自分に引き寄せ、神から離反した人々を彼において神と和解させ、再統合させている。

したがって『真の神学方法論』に展開するエラスムスの聖書解釈は、比喩的な方法によって聖書の言葉や物語のなかに、表層的には不可解な表現のうちにも、神秘そのものである父なる神の愛がどのように把握されうるかに集中する。そのため彼は福音書の言葉を「物語」(fabula)形式で捉え直し、そこに神の愛が告知され、信仰によって人がその愛を受容するように勧める。このようにして字義的意味に優る意味が神の愛と人の信仰によって捉えられる。彼はこの物語形式において聖書の言葉をそれを語っている人格(キリストと民衆)に結びつけ、またキリストの発言とその贖罪の行為とをつねに関連させて把握する。ここから次のようなエラスムスの聖書解釈学における三つの特徴が指摘できる。

(1)キリストに向けてすべてを還元する

キリストの教えを聖書の中で見分けるためには、物語という形式で字義的に語られている意味に優っている意味を発見しなければならない。そのためには言葉とそれを語っている人とを、またキリストとその贖罪の行為とを関連させる必要がある。というのはキリストは自らをあるときには牧者や頭《かしら》として、他のときには団体や群れの一員として表現しており、「ご自身において構成員の考えを伝えている」[*8]からである。そこでどのように言葉がキリストの人格から出ているかを考察しなければならない。また時間の契機も重要で、そこから相違点も起こってくる。[*9]たとえば影の時と旧約聖書の比喩的表現、光の時と新約聖書における真理の顕現などの相違が認められる。というのもキリストは、その贖罪の行為によって歴史において新しい時代を創り出し、それに先立っていたり、それを準備したりするものに、それを還元できないからである。[*10] したがって聖書の内容は時間・人物・事柄にしたがって変化しており、その内容は抽象的で理念的な方法では理解できず、具体的で現実的な意味での統一はキリストにおいてのみ可能となる。この統一は教会の三つのサークル（司祭たち・君主たち・信者たち）を通して万人を彼に引きつけているキリストの像である。[*11] そのような統一においてもろもろの教義の内的な結節点を捉えることができる。そこには多様な教義がキリストに向かって集中しており、キリストによって統合されている点が認められる。[*12]

(2) 物語神学

この具体的で真実な統一はキリストの生活において、もっと厳密に言うなら、彼の贖罪のわざにおいて見いだされる。このわざをエラスムスは『新約聖書の序文』における「方法」（Methodus）では使われなかった仕方でこの書において説いた。それは「物語」（fabula）の方法であって、ドラマでの作戦計画のようなものであり、次のように説明される。

わたしたちが両方の聖書を熱心にひもときながらキリストの全物語がもっているすばらしい領域と調和を考察するならば、少なくない利益がもたらされる。その物語とはいわばわたしたちのために彼が人となることによって実現したものである。[*13]

この物語はスコラ神学が好んで用いる抽象的な概念によっては表現できない人生の意義を具体的に

描き出すのに最適な叙述方法であり、とりわけ痛ましい葛藤の状態を解消しながら幸福な結末に導く。それゆえ「物語」の観念は分析的ではなく「総合的であって、それは普遍的なシンボリズムと宿命としての歴史を結合する」[*14]とも言われる。この物語によって普遍的なものと個別的なものとを保存しながら、言語の抽象的な普遍性と歴史の具体的特殊性とを結合することが可能となる。それは神と人との仲保者として、また人間に関わる神の歴史の中心として、受肉した神の言葉を反省するに適している。

(3) 神秘神学

エラスムスも力説するようにキリスト教の神学思想の内容は信仰と愛から成立している。これに関して彼は「キリストはとりわけ、また、絶えず信仰と愛という二つのことを教えています。信仰は自分に信頼しないで、わたしたちの信頼のすべてを神におくように助けます。愛はわたしたちがすべての人に貢献するように促します」[*15]と語っている。こうして彼はキリストが説く純粋な信仰とそこから要請される愛の実践を生き生きと論じていく。そのさい神の愛は神秘として示される。

それでは神秘とは何か。それは父なる神の言い表わしえない愛であると説かれる。しかも愛のわざはキリストの多様な行為の中にいつも変わることなく示される。「キリストは自分に似ていないものがどこにもないように、すべての人にとってすべてとなられました」[*16]。この愛のゆえに神の子が人となったが、そのさい愛こそ、御言が、肉となることによって自己との不等性によって害を受けずに、アイデンティティを確立できる作用である。つまり愛によって御言が自己を変化させて人となったが、そこには御言が愛によって一人の人にまで降るという謙虚によって愛の原理が示される。だからキリストが神性と人性とを、両者を混同しないで、そのペルソナにおいて統一させるのも愛である。また愛によってキリストはその使徒的な宣教を自覚した。彼はすべての人にすべてのものとなることによって、万人を自分に引きつけ、異なった宗教によって分離した人々さえも彼の内において再統合させた。それを可能にするのも愛である。要するに愛によってキリストはご自身を各人に与え、各人が救われるようにご自身を適応させる。そのように自己を与えることによってご自身と神との一致のうちに人々を父なる神に向かって引き寄せる。

こういうものが聖書の比喩的な言語のうちに啓示された神秘なのである。そのため転義が神秘と同一視される。この神秘は歴史や字義的な意味において示されるが、同時に比喩のヴェールのもとにそれは隠れている。その隠れの様子について彼は言う、「キリストの神秘が俗人たちや不敬虔な人々に覆われ、かつ、隠されたままであることを彼が意図していたにせよ、そうなのです。だが、そうは言ってもその間に信仰の厚い探求者に理解される望みが妨げられないように願ってのことです」[*17]と。

したがって『真の神学方法論』に展開するエラスムスの神学思想は、神秘そのものである父なる神の言い表わしがたい愛の神秘がどのような神学的方法によって把握されうるかを探求する。神はご自身を御子イエス・キリストを通して授けたもう。これによって人が神を知るようになる。同様にこの神の愛に応えて自分自身を返礼として神に与えることなしには、神を捉えることはできない。まず、神はご自身を全面的に与えられ、引き渡し、賜物を授けたもう。それに対し、わたしたちは神が与えたもうた仕方にふさわしく、自らの知識を改造し、知識の対象を構成しなければならない。知識自体が神によって啓示される。この贈り物としての知識は、人間の合理性の形式が付与されることによって価値が高まるのではない。それゆえアリストテレスやその他の哲学者に由来しない学問である新しいオルガノン〔楽器＝道具〕が必要である。知識自体が贈り物であって、これ以外には与えられたものを知る手段はない。それゆえ、こういう知識に加えて字義的な釈義には理性や心の訓練や清めが必要である。それゆえ理性や自由学芸の必要は理性的な要請ではなく、贈り物において与えられるものの溢れるような豊かさから派生している。したがって、それは霊的な意味自体によって要請されており、その中にそれ自体の合理性が洞察される。

終わりにエラスムスが説いている神秘的な超越としての神学の基礎にある信仰について述べておきたい。エラスムスの神学の基礎には『エンキリディオン』や『痴愚神礼讃』で説かれた根本思想があって、それは「目に見えるものから見えないものへ」という超越の思想として述べられた。したがって彼の神学の基礎には、わたしたちの目を地上的事物の諸価値から天上的なものに向けさせていく信仰の超越が説かれる。ここには人間的な価値を根源的に変革する信仰の働きが認められる。こうした信仰を確立するための学問的方法論が聖書解釈としての神学に導入されたのである。

(2)「転義」の理解の問題

一般的に言って、言葉が理解されないときには、その意味が分からない場合とそれが多義的である場合とがある。そのさい文字としての「記号」は「原義」と「転義」とに分けて考察される。その場合「転義」をどのように理解するかが重要な問題となる。この点をアウグスティヌス、エラスムス、ルターによって考察してみよう。

(1) アウグスティヌスにおける「転義」の意味

アウグスティヌスは「記号」を原義と転義に分けて考え、次のように言う。

ところで記号は原義的（propria）であるか、転義的（translata）であるが、ある記号が、きめられている通りの指示対象を示すとき、その記号は原義的とよばれる。たとえばボース（bos）と言うと、ラテン語を話す人々には、それがわれわれを含めてだれしもこの名前で呼んでいる動物である牛を指すことが分かる。原義的な語が示している指示対象を、それとは別の事柄を示すために用いるとき、その記号は転義的となる。たとえばボーウェム（bovem）と言う。するとこの二音節によって、この名でいつも呼んでいる牛のことだということが分かる。けれどもさらにこの牛とは福音書記者をも指すことがわかる。「牛にくつごをかけてはならない」（申命二五・四）と言うとき、使徒の解釈によれば、聖書は福音書記者のことを語っていた。[*18]

ここにはまず「しるし」（signa）である記号が二種類に分けられ、㈠「原義的」（propria）と、㈡「転義的」（translata）に分けられる。次に事例として「牛」があげられ、それが「牛」とは別の指示対象「福音書記者」を指すとき、「転義」と言われる。この「転義」を示すギリシア語（tropos）、ラテン語（tropus）は一般には「流儀や方式」の意味であるが、修辞学では「比喩、転義」を意味する。ところでアウグスティヌスは『三位一体論』で次のようにトロポスを説明する。「このようなトロポス、すなわちアレゴリアには多くの種類がある。謎（aenigma）と言われるものはその一つである。……すべての謎は寓喩〔アレゴリー〕であるが、すべての寓喩が謎であるのではない。それでは寓喩とは何かというと、それはあることを別のことから理解するという転義（tropus）にほかならない」[*19]。こうしてトロポスとは「謎」や「寓喩」と同じ事柄を意味することが知られる。このようにアウグスティヌスはすべての記号を「原義的」と「転義的」に二分し、「原義的」を「本来的」つまり「字義的」として規定した。また「転義的」は「神秘的」であるとも主張し、数字が隠された意味をもっている点を聖書・音楽・異教文学で説き明かす[*20]。

(2) エラスムスにおける「転義」

このような区別と意義とをエラスムスはアウグスティヌスから受け継いでおり、転義を比喩と同じものと理解する。転義（tropus）とはそれはあることを別のことから理解するという意味であり、「もの」を「しるし」から理解することである。この意味で聖書では転義法は使用され、「もの」や「事柄」を理解するために、それとは別の譬え話や比喩が多く用いられている。この点に関してすでに詳しく論じたのでここでは省略する。ところが同時代のルターでは転義的な解釈が「道徳的解釈」の意味で伝承されたため、主体的な自覚の意味が求められるようになった。ここから両者の解釈の相違も明らかとなる。

(3) ルターにおける転義的解釈の特質

エラスムスとルターとの聖書解釈における相違点は「転義的解釈」の理解の相違から解明できる。エラスムスがアウグスティヌスの『キリスト教の教え』における「転義法」の解釈を踏襲しているのに、ルターは『第一回詩編講義』では異なる解釈を行っている。[*21]

ルターはこの講義の序文で中世を通して発展してきた聖書解釈の方法を詩編に適用し、人間の在り方を聖書の転義的解釈によって捉える。伝統に従ってルターは詩編をキリストを示す預言と考え、預言的・文字的意味はキリストをめざしているので、詩編を単に歴史的意味に限定する場合にはその意味が失われる、と言う。そこでキリストを語っている詩編の理解は次のようになる。つまり字義的には（ad literam）、イエス・キリストの人格について予言的に解釈し、比喩的には（allegorice）教会を意味し、「同じことは同時に転義的にすべての霊的にして内的な人間に関して、その肉的にして外的な人間との対立において、理解されなければならない」[*22]と説いた。したがって詩編講義においてルターは字義的にはキリストを、転義的には人間（つまり内的人間と外的人間との葛藤の直中にある人間）を指すものとみなし、キリストの出来事を人間の生き方に関係させて解釈する。したがって詩編の言葉は「文字的には敵なるユダヤ人たちから受けたキリストの悲嘆である。比喩的には暴君や異端者から受けた教会の悲嘆と告発である。だが、転義的解釈（tropologia）では試練の中で発せられた信仰者と痛める霊との悲嘆もしくは祈りである」という。[*23]それは「転義的方法の原則」（regulaula tropologia）であって、それについて「実際、転義的解釈には次の規則がある。キリストが詩編の中で文字通り身体的苦痛にとって大声で嘆き祈っているところではどこでも、その同じ言葉の下でキリストによって生まれ教えられたすべての信仰ある魂が嘆き祈っており、自己が試練を受けて罪に転落しているのを認めているということである[*24]」と語っている。こうしてキリストと魂は「試練」において関係をもつようになっている。

このことはルターの「ドイツ語全集」(ヴィッテンベルク版、一五三九年)第一巻への序文にも明瞭に説かれており、「祈り・省察・試練」として述べられた神学の研究法にも表明されている。彼は次のように語っている。

それとは別に神学を研究する正しい方法をあなたに示したい。というのもわたしはこれまで実行してきているから。……そこにあなたは詩編の全体が豊かに言い表わしている三つの原理を見出すであろう。つまり祈り・省察・試練である(WA 50, 659)。

ルターでは神学的な「省察」が「試練」に向けられており、ここに既述の詩編講義における転義的な使用の特質が再び表明されていることが知られる。このようなキリスト論的で同時に転義的な詩編解釈がルター神学の出発にとって重要な意義をもっていた[*25]。しかも中世において転義的解釈が「道徳的には、あなたが行うべきこと」(moraliter, quod agas)という道徳的当為を問題にしているのに対し、ルターにおいては神の前で試練を受けた良心の救済が問題となっており、主体的にして宣教的な意義が転義的解釈によって説かれた[*26]。そこにはエーベリンクが言うように、「神の行為と実存の自己理解とが分離しえない相関関係に立っている」[*27]といえよう。

この転義的解釈が「神の義」についてもキリスト論的に解明されることによって、宗教改革的「神の義」の新しい認識にルターは達したのであるから、この解釈が実に重大な意義を発揮したといえよう。[*28]

終わりに

わたしたちがエラスムスの聖書解釈で考察したような新しい人間文化の創造の試みは、ヨーロッパの一六世紀において興り、キリスト教の新しい形態として実現された。そこでは言語の意義が問い直され、文体論や修辞学の活用によって聖書の解釈が原典から学問的になされており、言語に含まれている新しい意義が発見されて、宗教改革の運動が推進された。このようにしてルネサンスは総じて「言葉の出来事」として実現され、言葉の新しい意味の「再生」をもたらした。エラスムスは聖書の言葉の意味を人文学者として問い直し、たとえば「悔い改め」を「心の転換」（メタノイア）と訳すことによって、「悔い改め」を儀式的な悔悛のサクラメントとみなす誤りを指摘した。当時のカトリック教会はこのサクラメントを金銭目的に利用し、「贖宥状」（免罪符）を大々的に販売するようになった。これに対する批判としてルターの宗教改革は開始するに至った。そればかりではなく、ルターによる宗教改革的な認識である「神の義」の発見も、間違って解釈された聖書の言葉の意義を捉え直すことから起こっており、その意味では「言葉の出来事」となった。すべての「もの」は「記号」によって表現されるが、記号である言葉には「意味の再発見」という出来事が発生しうる。それは今日においても起こることを予感させる事態である。人間は言葉を「もの」の「記号」として捉え、言葉の中に起こっている人間経験の多様性のみならず、深淵性をも探求し直して、人間の心の深みに宿っている霊性の意義を再発見することも期待できる。これを最初に意図して実行したのがエラスムスであった。

注

＊1　アウグスタイン「ロッテルダムのエラスムス」金子晴勇訳『宗教改革者の群像』日本ルター学会編、知泉書館、二〇一一年、七八頁参照。
＊2　エラスムス『エラスムス神学著作集』金子晴勇訳、教文館、二〇一六年、二八六頁。
＊3　エラスムス、前掲訳書、三九四―三九五頁。
＊4　エラスムス、前掲訳書、三九五―三九七頁。
＊5　エラスムス、前掲訳書、三九八頁。
＊6　エラスムス、前掲訳書、三九九頁。
＊7　エラスムス、前掲訳書、四一五頁。
＊8　エラスムス、前掲訳書、三一一頁参照。
＊9　五時代説を参照。エラスムス、前掲訳書、三一三―三一七頁。
＊10　エラスムス、前掲訳書、三一三頁。

＊11 エラスムス、前掲訳書、三一七―三一九頁。

＊12 「このことは『エンキリディオン』でキリストを「唯一の目標」として説いたときにも主張されたことであった」（エラスムス、前掲訳書、七三―七四頁参照）。

＊13 エラスムス、前掲訳書、三二七頁。芳賀力『物語る教会の神学』教文館、一九九七年には今日の新しい方法が説かれているが、エラスムスにはすでにその萌芽が認められる。

＊14 Chantraine, Mystere et Philosophie, p. 275. Georges G. Chantraine, op. cit., p. 182 からの引用。

＊15 エラスムス、前掲訳書、三六五頁。

＊16 エラスムス、前掲訳書、三三〇頁。

＊17 エラスムス、前掲訳書、三九五頁。

＊18 アウグスティヌス『キリスト教の教え』二・一〇・一五。

＊19 アウグスティヌス『三位一体論』一五・九・一五。この用法はクインティリアヌス『修辞学教程』一・五・七一に由来する。

＊20 アウグスティヌス『キリスト教の教え』二・一六・二五―二七。

＊21 金子晴勇『ルターの人間学』創文社、一九七五年、七〇―七一頁参照。

＊22 Luther, WA 3, 13, 16f. Idemque simul tropologice debet intelligi de quolibet spirituali et interiori homine; contra suam carnem et exteriorem hominem.

＊23 Luther, WA 3, 13, 28ff.

＊24 Luther, WA 3, 167, 21ff. in peccatum se tentatum vel lapsum agnoscens.

＊25 E. Hirsch, Initium theologiae lutheri, 1950, in: Der Durchbruch, S. 93f., K. Holl, Luther, S. 546, E. Vogelsang, De Anfänge von Luthers Christologie, S. 27, G. Ebeling, Die Anfänge von Luthers Hermeneutik, in: Lutherstudien Bd. I, S. 65f.

＊26　R. Prenter, Der barmherzige Richter, S. 121.

＊27　G. Ebeling, op. cit., S. 65f.

＊28　この解釈がルターの「神の義」の発見と関係している点についてはフランツ・ラウ『ルター論』渡辺茂訳、聖文舎、一九六六年、六四頁参照。

7　ルターの義認論再考——『キリスト者の自由』の再解釈

はじめに

これまでルター研究はキリスト教の教義の観点からなされてきた。この観点からの研究はわが国ではすでに戦前から開始されており、石原謙、佐藤繁彦、岸千年、北森嘉蔵などといった優れた研究者たちによってその成果が発表されていた。なかでもわたしは北森嘉蔵先生にはその著作『宗教改革の神学』をその出版に先立つ講義で直接学び、研究の指導をも受けた。先生と同様にわたしも哲学科の出身であったので、最初から神学よりも哲学の観点からルター研究を開始したのであった。わたしの場合には哲学の中でも人間学を同時に研究することが意図的に進められてきた。このことは処女作『ルターの人間学』の冒頭に次のようにはっきりと言明されている。

宗教改革者マルティン・ルターの思想を、従来なされてきた神学的・教義学的理解の狭い枠から解放し、広く人間学的視点から解釈し直し、今日におけるその実存的意義を解明すべき時にきている。……とくにルターの人間学で最も重要な「良心」概念を初期から完成期に至る諸著作の検討により解明した特殊研究であるため、結果的にかなり膨大な研究とならざるを得なかった。[*1]

この視点はその後も変わらなく続けられ、その後二五年を経て『ルターとドイツ神秘主義』にまで発展した。その間にわたしのルター研究に一つの著しい変化が訪れることになった。それは神秘主義に対する理解の変化である。最初の研究でわたしはルターの神秘主義には何も関心を寄せていなかった。しかし研究を継続しているうちにその影響を認めざるをえなくなった。このことはこの著作の「あとがき」に次のように記されている。

本書の主題に関しては恩師武藤一雄先生によって初めてその重要性を教えられた。また先生はわたしが翻訳したルター『生と死について――詩編九〇編講解』を神秘主義的に解釈して「ルターにおける信仰と神秘主義」という優れた論文を発表されている。そこでわたしは、先生が体系的に論じておられることを歴史研究によって論証しようと考えて、ルターの神秘思想の研究に着手し、たとえばルターの師シュタウピッツとの関連を研究したり、その主著と幾つかの著述を翻訳することなどを始め、この種の歴史研究を次第に広げて行って本書の構想ができあがったのである。[*2]

この試みはわたし自身のルター研究の再考となった。[*3] しかし、それを紹介することをここでは控え、この研究からどのように義認思想の再考がなされるようになったかを、ルターの有名な著作『キリスト者の自由』の再解釈という形で述べてみたい。

(1)『キリスト者の自由』とはどんな書物か

この著作は真に小冊子にすぎないが、その内容はルター神学の真髄を適格に述べている点で注目すべきものである。それはワイマール版ルター全集ではわずかに一八頁（岩波文庫版で本文三六頁）の小さな作品にすぎないが、一五二〇年に出版されて以来、よく読まれ、かつ、研究され、今日にいたるまで計り知れないほどの影響を全世界に与え続けてきた。それは当時のローマ教皇の特使カール・フォン・ミルティッツの要請によって書かれたものであって、ルターは勢力絶大なカトリック教会と妥協する余地が残っていないと感じていたが、それにもかかわらず、いたずらに混乱を引き起こす意図はなく、反対者から非難と罵倒がないかぎり、反抗的で攻撃的な言葉を控えたいと考えていた。ミルティッツはこうしたルターの基本姿勢が教皇の人格を傷つける意図が全くなく、ただ教会内の弊害を改善しようとする意図しかないことを知り、この点を明らかにする著作を書くようにルターに求めた。そこで彼は「教皇レオ一〇世に奉る書」をしたため、さらに自己の基本思想をこの書にまとめて発表した。そこには論争の影すらも感じられず、これまで十字架の神学を説いたときのようにカトリック教会と対決し、神学的な逆説を駆使して激しく攻撃する姿は全く影を潜めている。彼は自己の信仰の核心を宗教的で内的な経験にもとづいて心の深みから静かに溢れ出るように語って、福音的な信仰義認を鮮明に説き明かした。そこには彼の神学思想の真髄が見事に展開する。

では、どこに彼の神学的な真髄が認められるであろうか。そこではまず初めに次に挙げるようないくつかの特徴的な思想を指摘してみたい。

(1)「自由な君主」と「奉仕する僕」

この書の冒頭では「キリスト教的人間とは何か」と問い、この人間学的な問いに対して対立する二命題が次のように立てられる。

「キリスト教的な人間」とは何であるか、またキリスト者にキリストが確保してあたえたもうた自由とはどんな性質のものか、これについては聖パウロが十分に論述していることであるが、わたしたちもこれを根本的に認識できるように、わたしはまず二命題をかかげたいと思う。「キリスト者はすべてのものの上に立つ自由な君主であって、何人にも従属しない」、「キリスト者はすべてのものに奉仕する僕であって、何人にも従属する」(第一節)。[*4]

この二つの命題によってキリスト教的人間が「自由な主人」と「奉仕する僕」という矛盾したものから成り立っていることが示される。では、この矛盾するキリスト教的人間がどのように解明されているのかと読み進めていくと、彼はこの矛盾を「内的な信仰」と「外的な愛の行為」とに、したがって「内的な人間」と「外的な人間」とに、分けて論じていって、キリスト教的な人間は前者によって神から自由な者とされ（第一命題）、後者によって隣人に仕える者である（第二命題）と説かれる。

この大変有名になった「自由な君主」と「奉仕する僕」との対立命題は、両者が人間の「内的な霊」と「外的な身体」との二つに分けて考察される。この「内的な霊」と「外的な身体」というのは人間学的な区別なのであって、一般的には「魂と身体」の区分法として用いられてきた。しかもそこに信仰と愛との二つの観点から両者が見事に解明される。そればかりかこの書物ではその他にも「律法と福音」というキリスト教の教義や神と魂との親密な関係とが説かれており、興味が尽きない内容となっている。

⑵ 信仰によるキリストと魂との合一

さらにこの書では神秘思想の核心をなす「神秘的な合一」（unio mystica）が人間の間でもっとも親密な関係である「花婿と花嫁」の人格的な関係を通して考察される。彼はこのことを次のように語る。

信仰は魂をして、あたかも花嫁をその花婿に娶《めと》るようにキリストと一つとならしめる（voreynigt）。この婚姻の結果として、聖パウロが言うように、キリストと魂とは一体（eyn leyb）となり、したがってまた両者各々の所有も幸運も不運も、あらゆるものが共有され、キリストが所有したもうものは信仰ある魂のものとなり、魂の所有するものがキリストのものとなる。[*5]

このようにして信仰によって義とされるという彼の中心思想である義認論は、罪人のままで無罪放免される法廷的な「宣義」と考えられているが、そこにはキリストと魂とが、花婿と花嫁とが結ばれるように、「一つとなる」神秘的な合一が前提されていることが明らかとなる。この合一は「喜ばしい交換と奪い合い」(frölich Wechssel und streytt) にもとづいて成立する。こういう働きをもたらす信仰はキリストに対する信頼において生じ、それは信仰による神との内的な霊的合一を通して実現される。

(2)「喜ばしい交換」と授受の関係

ところで「喜ばしい交換」は「奪い合い」とも言われるように、キリストが魂の罪を奪い取り、魂がキリストの義を奪い取るという奪い合いを通して、実は人格的な授受の関係を成立させる。そこに「交換」が成立するのであるが、それは「取り引き」の意味である。

しかしこの交換、つまり取引は、経済的な等価交換ではない。それでは互恵主義となってしまう。そうではなくて神と人との質的な差違を前提とする「神が授け、人が受ける」という「授受」の関係である。しかもそれが「喜ばしい」と言われるのは、キリストの義と魂の罪との交換が、理性的な「対応・相当・合理」的な関係ではなく、かえって反理性的な「逆対応・不相当・非合理」な関係でなされるからである。その「取り引き」の中身に関して彼は次のように言う。

ところで富裕な高貴な義なる花婿キリストが貧しい卑しい悪い娼婦を娶って、あらゆる悪からこれを解放し、あらゆる善きものをもってこれを飾りたもうとしたら、それは喜ばしい取り引きではないか。[*6]

ここでの花婿と花嫁との結婚はキリストが「富裕な高貴な義なる花婿キリスト」（der reyche edle, frummer breudgam Christus）であるのに対し、魂のほうは「貧しい卑しい悪い娼婦」（das arm vorachte böses huerlein）であると規定される。それゆえ両者の結合関係は常識的な対応関係を完全に覆す「逆対応」となっている。[*7]

そのラテン語版では簡潔に次のように語られた。「キリストは恩恵・生命・救いに満ちていたもう。魂は罪・死・劫罰に満ちている。今や信仰が介入して、罪・死・地獄がキリストのものであり、反対に恩恵・生命・救いが魂のものであることが生じる。……この富める、敬虔な花婿キリストが、この貧しい不敬虔な娼婦をそのいっさいの悪から贖いかえし、ご自分の善をもってこれを飾り、妻として引き受けるとき、もう彼女の罪も彼女を滅ぼしえない」[*8]。ここには花婿キリストと不敬虔な魂という全く相反する二者の結合が説かれており、これが義認の根拠となっている。

このように花嫁神秘主義の伝統に立ってキリストと魂との合一が説かれている点で中世との連続性が示されるが、その内容は一五世紀の神学者で、ソルボンヌの学長であったジェルソンの学説ともルターの師シュタウピッツの教えとも相違する。

ジェルソンは道徳的な浄罪の道による教会改革を強調し、まず魂が清められることを力説した。だが、これによっては教会の危機は解消されなかった。それゆえルターはキリストと合一する魂を「貧しい不敬虔な娼婦」の姿によって暗示し、信仰によって初めて魂が改造され、実践的な力を発揮するようになることを示した。

またシュタウピッツはキリストと悲惨な魂とは、恩恵の客観的しるしであるサクラメントによって合一に至ることを説いたが、ルターは、これを認めてはいても、キリストの義と魂の罪との間に成立する「喜ばしい交換」という新しい観点を導入した。こうして神秘主義の伝統を受容しながらも、この信仰による自己改造を強調したのである。

ルターは『キリスト者の自由』において花婿キリストと花嫁の魂との合一をキリストの義と魂の罪とが交換されるという視点から叙述した。この交換は「神の義」を「神が授け、人が受容する」授受の行為によって執り行われる。この授受の関係を説いたところにルターの独自の思想が認められる。もちろん花婿と花嫁との関係は「花嫁―神秘主義」(Braut-mystik) として一二世紀の神学者クレルヴォーのベルナール以来説かれてきた思想であった。しかし、これを「喜ばしい交換」として解明したところにルターの独創的な解釈とその神学思想の神髄が認められるのではなかろうか。

(3) キリスト教的な自由の本質と倫理

この書の終わりに「キリストがわたしのためになりたもうたように、わたしもまたわたしの隣人のために一人のキリストとなろう」[*9]と言われる。キリストに対する信仰に生きる者は同時に「一人のキリスト」(ラテン語版ではChristus) として隣人愛に生きる。ここにキリストに対する信仰が魂の改造となり、「一人のキリスト」となる変容が示される。この意味で信仰はその本質において自己改造を伴う変容なのであって、本質的に実践的であることが判明する。また、ここにある「キリスト」（ein Christen）を「一人のキリスト者」と訳すとラテン語版の「キリスト」よりも文意が弱まってしまう。というのもキリストは贖罪者であるのみならず、「模範」や「典型」である点に倫理的な実践力が秘められているから。確かにキリスト者が「キリスト」となる方が強大な力を発揮するといえよう。

終わりにルターはこの書の結論部分で自由の本質についての理解を独自な仕方でもって次のように表明する。

キリスト教的な人間は自分自身においてではなく、キリストと彼の隣人とにおいて、つまりキリストにおいては信仰を通して、隣人においては愛を通して生きる。……見よ、これが真の霊的なキリスト教的な自由であり、あたかも天が高く地を超えているように、高くあらゆる他の自由にまさっている自由である（第三〇節）*10。

ここで重要なのは自由がもはや「自己自身において」生きない人において実現するということである。つまり真の自由は「自己からの自由」に求められる。キリスト者は信仰によって神から自由を授けられているが、その自由は、もはや自己自身のためではなく、キリストに対しては信仰によって、隣人に対しては愛を通して生きることが強調される。そして真に不思議なことには、キリスト教的な自由とは結局「自己自身において生きない」ような「自己からの自由」であると説かれている。というのも、このような自由なしには、「信仰」も「愛」もなく、ただ自己主張のみがすべてを支配するからである。

　このように近代の初頭に説かれた自由は「神の前に立つ自己」という人間の深層にある霊的な自由であって、政治的な自由でも、倫理的な自由でもなかった。ところが当時の社会運動は、農民戦争に見られるように、ルターの説く「キリスト者の自由」を誤解し、政治的な自由の要求に利用したのであった。

（4）逆対応的な授受の関係と信仰の論理

　ルター神学の中心思想は信仰義認論であるが、この義認論の背景にある根本的な経験は神人関係を授受の関係として捉えることから成り立っている。この授受の関係は「無罪放免」を宣告する単なる法廷的な関係ではなく、生命的な神秘経験を内実としている。ここに新しい義認理解があって、ルターはパウロの中心思想を信仰義認として捉えながらも、パウロが信仰によるキリストとの神秘的な合一を霊の働きとして説いている点に着目した。こうして信仰義認という教義の根底にキリストとの合一を説く神秘思想を据えたのである。これがどのように義認論に反映しているかを問題にしてみたい。[*11]
　そこでわたしは初期の聖書講義において神秘思想がどのようにルターによって受容されていたかを研究し、『第一回詩編講義』（一五一三―一五年）から『ローマ書講義』（一五一五―一六年）を経て『ガラテヤ書講義』（一五一六―一七年）と『七つの悔い改め詩編の講解』（一五一七年）に至るまでディオニシオス・アレオパギテースやクレルヴォーのベルナールさらにタウラーの神秘思想がどのようにルターによって批判的に受容されたかを詳細に分析し、あくまでキリストとの一致をめざす「キリスト神秘主義」が彼によって説かれていることを解明した。[*12] これによってキリストとの生命的な一致が、キリストの死と復活によって、キリストとともに生き、ともに復活する生命的な結合が強調されていることが判明した。したがって義認は単に無罪放免という法廷的な判決のみを意味するのではなく、現実に生けるものとなることが神秘的に語られる。これが彼の義認論の背景になっていることは信仰義認を説いた『ガラテヤ書講義』の次の引用からも明らかに示される。彼は次のように言う。

しかし死にたもうたキリストを信ずる者は、同時に自らもまたキリストとともに罪に対して死んでいる。しかして甦って生きたもうたキリストを信ずる者は、同じ信仰によって自らもまた甦り、キリストの内に生き、キリストもまた彼の内に生きたもう（ガラテヤ二・二〇）。それゆえキリストの甦りは、単に模範という仕方のみでなく、その効力のゆえに、わたしたちの義であり生命である。[*13]

このようなキリストとともに死んで甦るという信仰の生命的な経験を彼は重視し、信仰によって生けるキリストとの合一に迫る。義認論の背景にある、このような信仰体験もしくは聖霊体験が存在しているがゆえに、義認の神秘主義が成立する。このようなキリスト信仰の生命的な理解こそ神秘主義的な要素であって、単なる法廷的な無罪宣告としては義認は捉えられない。

この信仰は、神との関係では受動的となり、キリストを信頼し、自己のうちに彼を受け入れる。神を見る神秘的観想は現世に生きているかぎり不可能であり、それは終末において与えられるがゆえに、現世においてはキリストに対する信仰が求められる。こうした終末論的な理解はアウグスティヌスも力説して止まないところであったが、ルターはこの伝統にしたがっており、ここから「神—神秘主義」は終末時に成立するのであって、現在においてはキリストを信じる「信仰—神秘主義」が説かれる。彼は次のように言う。

しかしキリストはあなたの罪のために引き渡されたこと、またあなたはその罪のためキリストが自らを引き渡した人々の一人であることを堅い信頼をもって当然受け入れなければならない。この信仰があなたを義とする、そしてキリストをあなたの内に住まわせ、生かし、かつ支配せしめるであろう。[*14]

この信仰がキリストとの一体化をもたらす。つまり「罪が全くないキリストが彼のキリスト信者と一つとなり、彼のために神に執り成したもう」。また「義人は自分が生きるのではなく、キリストが義人の内に生きている。なぜなら信仰によってキリストが内住し、恩恵を注ぐからである」。さらに「キリストを信じる人は霊によってキリストと一つになり、すべてを彼と共有する」と言われる。同様に「キリストを信仰するということはキリストを着ることであり、彼と一つになることである」[*15]。

そのさいルターはキリストとの合一を指示して次のように述べている。「キリストがわたしたちの内に形成され、彼のみがわたしたちの内におられるためにはわたしたちが滅ぼされ、形のないものとされなければならない」と。そのために彼は神秘主義の用語をもちいて自己を空無とすることを求める。「キリストを信じる人は、キリストが彼のうちに生き働くために、自分自身から空になり、自分のわざから離れるようになる」[*16]。このように「無となり、空になってキリストを受容する」という神秘主義的な思想は「放棄」（Gelassenheit）という概念を用いなくともすでに表明されており、「今や、自分ではなく、キリストがその人のうちに生きている人は、キリストが活動しないのではないかと怖れるべきではない。そうではなく彼は最高度に活動的である」[*17]と言明する。こうして神人の根本的な関係は授受の関係であることが力説され、端的に「神の活動はわたしたちの受動である」（Actio Dei est passio nostra）[*18]と表明される。

（5）「喜ばしい交換」と超過の論理

ルターはこのような経験を「欣喜雀躍、小躍り」（Überschwenglichkeit）という言葉で表現した。この経験はこれまで考察してきた義認における「喜ばしい交換」によって与えられている。そこで再度この義認の出来事を顧みてみよう。『キリスト者の自由』第一九節後半には「喜ばしい交換」が述べられており、そこでは「富裕な高貴な義なる花婿キリストが貧しい卑しい悪い娼婦を娶って、あらゆる悪からこれを解放し、あらゆる善きものをもってこれを飾りたもうとしたら、それは喜ばしい取り引き（交換）ではないか[*19]」と語られた。ここでは「富裕な高貴な義なる花婿キリスト」と「貧しい卑しい悪い娼婦」とが「逆対応的」の関係に置かれており、キリストの「満ち溢れる義」と魂の「あらゆる罪」とが交換される。ここから「喜ばしい」法悦の感情がわき上がってくる。この法悦の感情を『マグニフィカト』は次のように語っている。

神がいかに底深いところを顧み、貧しい者、軽蔑された者、悲惨な者、苦しむ者、捨てられた者、そして、まったく無なる者のみを、助けたもうような神にいますことを経験するとき、神は心から好ましくなり、心は喜びにあふれ、神において受けた大いなる歓喜のために欣喜雀躍するのである。するとそこに聖霊はいましたもうて、一瞬の間に、この経験においてわたしたちに満ち溢れる知識と歓喜とを教えたもう。[*20]

このような歓喜の法悦は宗教にのみ独自な経験であって、理性的で倫理的な次元を超えている。リクールはこの点から宗教に独自な「超過の論理」を説くに至った。そこには一般的な倫理の次元よりもいっそう深い宗教の次元において自由は希望の光に照らされ、自らの死にもかかわらず自己を肯定し、あらゆる死の兆しにもかかわらず死を否定しようとする。この論理について彼は次のように言う。

同様に「にもかかわらず」のカテゴリーは生命の突入の反面もしくは逆の面、聖パウロの有名な「なおいっそう」(ロマ五・二五)のうちに表現された信仰の視点の反面もしくは逆の面である。このカテゴリーは「にもかかわらず」よりもいっそう根本的なものであって、超過の論理(the logic of superabundance）と呼ぶことができるものを表わしている。それは希望の論理である。[*21]

このような超過の論理はイエスの宣教の中にも生きていたといえよう。ところが不思議なことにルターよりも前に親鸞も同じことを語っている。親鸞は『歎異抄』において「罪悪深重、煩悩熾盛」の深遠なる罪悪感に立って「善人なをもて往生をとぐ、いはんや悪人をや」という悪人正機説を説いたが、これは逆対応の救済となっている。また、

よろこぶべきこころをおさへて、よろこばせざるは煩悩の所為なり。……これにつけてこそ、いよいよ大悲大願はたのもしく、往生は決定と存じさふらへ。踊躍《ゆやく》歓喜のこころもあり、いそぎ浄土へもまいりたくさふらはんには、煩悩のなきやらんと、あやしくさふらひなましと、云々[*22]

とあって、「踊躍歓喜」でもってルターの「欣喜雀躍」が語られている。これは「超過の論理」に繋がっている。このように古来の宗教心を日本人ももっているのであるから、今日においても宗教の真髄を理解できないとはいえない。ただルターにおいてはこの真髄が明瞭に説かれている点に優れた意味が見いだされるのではなかろうか。

注

＊1 金子晴勇『ルターの人間学』創文社、一九七五年、三頁。

＊2 その翻訳は教文館版『神秘主義著作集11』「シュタウピッツとルター」として刊行された（教文館、二〇〇一年）。

＊3 その成果は金子晴勇『ルターの霊性思想』教文館、二〇〇九年に詳しく説明されている。

＊4 Luther, WA 7, 20-21.

＊5 Luther, WA 7, 25, 27-33.

＊6 Luther, WA 7, 26, 4-7.

＊7 一般的な「対応」では善い花婿と善い花嫁とが結ばれているが、ここでは善い花婿と悪い花嫁とが結ばれているがゆえに、その関係は逆対応となっている。この点の詳しい説明は金子晴勇『ルターとドイツ神秘主義』創文社、二〇〇〇年、九八―一〇三、一四二―一四三、一五九頁参照。

＊8 Luther, WA 7, 54, 39ff.; 55, 25ff.

＊9 Luther, WA 7, 35, 34.

＊10 Luther, WA 7, 38.

＊11 ルターの新しい神学の特質は『ハイデルベルク討論』（一五一八年）において明瞭に主張されるようになった。そこでこの義認論の完成時点に近い『ガラテヤ書講義』（In epistolam Pauli ad Galatas M. Lutheri commentarius, 1519）を取り上げ、義認論のうちに神秘的な生命がいかに流れているかを考察できる。

＊12 金子晴勇『ルターとドイツ神秘主義』を参照。

＊13 Luther, WA 2, 455, 19.

＊14 Haec fides te iustificat, Christum in te habitare, vivere et regnare faciet.（Luther, WA 2, 458, 24-25）

＊15 Luther, WA 2, 495, 1ff.; 502, 12-13; 504, 6-9; 535, 24.

＊16　Luther, WA 2, 548, 28f.; 564, 30ff.
＊17　Luther, WA 1, 140, 21.
＊18　Luther, WA 57, Gal., 31, 19.
＊19　Luther, WA 7, 25, 26.
＊20　Luther, WA 7, 547-548. このように心情が高揚するときには、人間の悲惨と罪の自覚と、これに対する神の顧みとが前提されている。それは神によって無償で授けられる恩恵である。
＊21　P. Ricoeur, The Conflict of Interpretation. Essays in Hemeneutics, 1974, p. 437.
＊22　親鸞『歎異抄』岩波文庫、一九八二年、五四—五五頁。

8　カルヴァン神学の魅力

はじめに

宗教改革の第二世代を代表する神学者ジャン・カルヴァン（一五〇九―六四年）は初期の著作『セネカ「寛仁論」註解』に示されたように人文主義の影響を受けながらも、ルターに始まる宗教改革の精神を受容して改革者となり、それを実践的にいっそう強力に進展させた。ここではとくに彼の主著『キリスト教綱要』第一編に展開する「神認識と自己認識」や「神の像」の問題さらに「宗教の種子」の考えについて検討し、その神学の魅力を指摘してみたい。

カルヴァンは神学思想を組織的に叙述するきわめて高い能力を発揮して『キリスト教綱要』というキリスト教思想史上もっとも優れた傑作を残したが、それは同時に宗教改革の思想体系を世界に示すものでもあった。こういう組織的に叙述する能力はエラスムスにもルターにもなかった。エラスムスの作品が文学としてどんなに魅力があり、きわめて博学であったとしても、またルターの宗教的な体験がどんなに深淵的なものであっても、それが一般の人たちに理解可能な学説として表現されないならば、有効に力を発揮できないし、説得力に欠けていては思想として未完成であると言わざるを得ない。ところでエラスムスはルターの神学を、とりわけハイデルベルク討論でルターが自説を「神学的な逆説」と特徴づけたことを知って、神学では逆説を使ってはならないと主張する。というのも逆説（パラドックス）とは「一般の人たちの意見に逆らう」という意味で、これに接すると、たいてい人は躓かざるを得ないからである。したがって神学には適切な表現が要請されている。それに対し、ルターがエラスムスを批判して、ぬるぬるしたウナギのようにつかみ所がないと言ったように、曖昧であることも確かに問題であろう。ところが矛盾に満ちているように見える宗教的な表現もカルヴァンの手にかかると美事に変身して理解可能となる。エラスムスの文体は文学的な味わいが深く、一見すると難解に見えるが、透明度が高く、理解しやすい。だが能弁なため簡潔さに欠ける。ルターは直観的であって、洞察が深いが、論争的であって、その文体は晦渋をきわめる場合が多く見られる。それに反しカルヴァンはその逆説的な事態を知性を用いて組織的に叙述しながら明確な認識にまで高めようとする。ここにカルヴァン神学の魅力があるといえよう。

ここでは彼の神学のこのような魅力を『キリスト教綱要』の冒頭から論じられる神の認識と自己認識との関係を手がかりとして考察してみよう。そのさいアウグスティヌスとルターにおける同様な試みと比較して見ることにする。さらにキリスト教神学で理解するのに困難な「神の像」がカルヴァンによってどのように分かりやすく説かれているかを考察してみることにしたい。

（1）神認識と人間認識

カルヴァンはいわゆる「突然の回心」から間もない頃『キリスト教綱要』初版を一五三六年に世に問うた。それ以前の著作では人文主義者であったのに、この新著で彼は改革者の姿に美事に変身したことになる。[*1] この人文主義とキリスト教神学との二面性はどのように統合されているのか。この点を神認識と人間認識という観点から考察してみよう。[*2]

(1) アウグスティヌスの場合

この神と人との認識についてアウグスティヌスからの伝統があって、ルターもそれにしたがっているので、まずはここからはじめてみよう。アウグスティヌスはこの主題を初期の作品『ソリロクィア』で取り上げた。そこでは「神と魂」という表現によって同じ問題が追及されており、次のように論じられた。

理性　　ではあなたは何を知りたいのか。
わたし　わたしが祈りましたこれらすべてです。
理性　　もっと短く要約しなさい。
わたし　神と魂をわたしは知りたい。

理性　　ほかに何もないかね。
わたし　全く何もありません。[*3]

この叙述はきわめて簡潔にして明瞭である。ここで「神と魂」とあるのは存在の尊厳にもとづく順序であるが、人間の思考では逆に自己認識から神認識への順序となっている。それゆえ「常に同一にいます神よ、わたしを知らしめ、汝を知らしめたまえ」[*4]という、これに続く有名な祈りがなされ、この順序に従って自己認識から神認識へという方向が導入される。しかし、その叙述はあまりにも簡潔であるため、十分な説明がともなわれていない。

ところが『三位一体論』になると、最初は聖書とキリスト教古代の思想家たちから三位一体の教義を考察してから、自己認識の問題を取り上げ、それを解明しながら神認識の問題に入っていった。『キリスト教綱要』を読んでみるとカルヴァンはアウグスティヌスのこの『三位一体論』の方法を熟知しており、しかもこの作品を暗記するほど読んでおり、驚くことにはそこから自由に引用することができた。神を認識するとき人間の知性はいかなる力を発揮するかを彼はアウグスティヌスから学びキリスト教的な認識を進めていたことが判明する。

(2) ルターの場合

ルターはどうであろうか。彼は『詩編五一編の講解』（一五三二年）で神と人との認識を扱い、次のように神学を定義する。

神と人との認識が神的な知恵にして本来的な意味での神学的知恵である。こうして神と人との認識はただ義とする神と罪人としての人間にのみ関係する。だから本来的な神学の課題は告発され、かつ、破滅した罪人を義とする、もしくは、救済者なる神である。この対象の外側に人が求める議論と主題はすべて神学における誤謬と空談である。[*5]

この神学の定義はまことに簡潔にして明晰であって、きわめて優れた叙述である。しかし、これではあまりにも簡潔すぎて、神学の主題を十全に理解するためにはアルトハウスの次のような解説がどうしても必要となる。彼は言う。

神学のテーマに関してルターは非常に明瞭に反省していた。神学は神と人間との認識を扱う。したがって神学は狭義において神学であり、同時に人間学である。この両者は分かち難く結びついている。神は人間との関係において、ただこのようにしてのみ正しく認識され、人間は神との関係において、ただこのようにしてのみ正しく認識される。だから、客観的神論も、神関係以外のことを問う人間学も、いずれも問題にならない。関係は双方の側から、つまり人間が罪人であり負い目があり破滅しており、神がまさしくこの人間を義とする者で救済者であるということによって規定される。人間の罪責と救済という、この最高の実存的な二重のテーマが神学の対象であってこのこと以外ではない。「この対象の外側に人が求めるものは神学における誤謬と空談である」。つまり神と人間との神学的認識は「関係的」(relativ)認識である。すなわち両者が対向しあう関係、両者の存在論的でも人格的でもある関係(relatio)の中にある認識である。ルターが神学のテーマはキリストである(WA TR. Nr. 1868)と語っているときも同じ意味である。[*6]

この叙述は先のルターの「神学の定義」を引用しながらそれを十分に説明しており、このように詳細に語られると、きわめて説得的となる。このような意味でルターが与えた「神学の定義」は同時代の宗教改革者ツヴィングリにもカルヴァンにも影響している。[*7] 実際、神と人との人格的な関係こそルターの思想の基盤であって、この関係に立つ「二重の神学的な認識」が、つまり神学的な「人間認識と神認識」とが彼にとってきわめて重要であることが分かる。

(3) カルヴァンの場合

ところがカルヴァンは『キリスト教綱要』の初版からすでに神と人との認識を組織的に論じている。この初版で「聖なる教えのほとんどすべては、この二つの部分に含まれる。すなわち神を知ることとわたしたちを知ることである」[*8]とわかりやすく語り、続けて神認識と人間認識とが、最初から相互に関連づけられており、「神認識から分離した人間認識を考えることができなくなった」[*9]と説く。そこで彼は神について知らなければならない理由を次のように四つに分けて、実に丁寧に説明する。

(一)「わたしたちが確信をもって立つため、神が永遠の知恵であり、正義、善、慈悲、力また生命であること、この他には何の知恵も正義も善も慈悲も、真理も力も生命も〔必要では〕ないことを知ること」である。

㈡「天にあるものも地にあるものもすべて、神の栄光のために造られた」ということである。

㈢「神御自身が公正な審判者であり、したがって神はその戒めを離れる者、すべてのことに心から神に服しようとしない者、神の栄光をめざすこと以外を考え・語り・行う者をきびしく扱う」ということである。

㈣「神は慈悲深く寛大であり、惨めな者、貧しい者、神に寛大さを乞い願う者、神に信頼を置く者をよろこんで受け入れるかたであって、神に赦しを乞う者はこころよく憐み、また顧みるかたであり、助けを求める者にはせ寄って助け、全き信頼を神に置きまた持ちつづける者を救おうとするかたである」[*10]。

このように彼は順序を立てて懇切丁寧に説明する。ルターが直観的にずばりと言い切るのに反し、彼は諄々と丁寧に説明し、だれでも理解できるように努める。

次に人間認識についてカルヴァンはどのように語っているのか。ここでも叙述はきわめて懇切にして丁寧である。彼は次のように語る。

わたしたちすべての父祖であるアダムは、神の像に似せて造られた。すなわち、知恵と義と聖性を与えられており、これらの恵みの賜物によって真実より頼んでいたので、もし彼が神から与えられた完全無欠の本性にとどまっていたら、神の内に生きつづけることができた。しかしアダムが罪に堕ちたとき、この神の像、神との相似は壊され消されてしまった。すなわち、天からのすべての善い賜物――それによって生命の道に到ることもできたであろうに――が失われたのである。さらに彼は神から遠く離れた、まったくのよそ者になってしまった。その結果、すべての知恵、正義、力、生命は彼から外され剝奪されてしまった。これらのものは前述したように、神によるのでなければ所有することができないからである。*11

このような人間認識についてさらに明確に語って、カルヴァンは、神の創造の中で人間がもっとも高貴な存在であるという事実を知るためには二重の自己認識が必要であると言う。

(2) 二重の自己認識

まず創造における始源の状態の認識が必要であり、このことは『キリスト教綱要』の完成版に詳しく述べられている。たとえばアダムの堕落以後の悲惨な状態の認識について次のように語られる。

第一に、土と泥とからつくられたということは、人間の傲慢に対して手綱をかけることになっているのを、理解しなければならない。なぜなら、単に泥の家に住むだけでなく、それ自身土と灰とにすぎないものが、自らの卓越性をほこるほど不合理なことはありえないからである。しかし、神はこの陶器のいれものに生命を与えようと決意したもうたばかりでなく、これを不死の霊の住まいとすることを欲したもうた。だから、アダムは当然、自己のつくり主の、このようなまでの寛大さを、誇りとすべきであった。[*12]

さらに、人間の心身を見ても、魂が不滅の本質存在であって、これにより「高貴な部分」が示され、これは「霊」とも呼ばれており、ここには「神的な何ものか」が刻み込まれていることを告げる。それは動物的な「感覚」を超えており、目に見えない神を「知性」によって捉えることができる。この知性の占める座が「霊」なのである。[*13]

(1)「神の像」の理解

これまでこの「神の像」と「神の似姿」の二つの用語の区別がキリスト教思想史において問題になっていたが、カルヴァンはこれについての論争は意味がなく、二つの言葉は同義語であると主張する。というのはまず「ひとつのことを二度繰り返して説明するのが、ヘブライ人の慣用であった」からである。次に「ことがら自体を見ると、これは人が神に〈似て〉いるから、〈神の像〉と言われたものだということは、少しのあいまいさもとどめない」からである。それゆえ、たとえば「像」を「本体」に「似姿」を「性質」に分けたりして、これについて「詳細な哲学的考察をするものらが愚劣なことは明らかである」。「というのは、神が御自身の〈像〉に人間を創造しようと定めたもうたとき、それだけではまだはっきりしないところがあったので、その解釈として〈似姿〉という小さい言葉をもって繰り返したもうたからである」。[*14] この議論はヘブライ語の知識による説明と言うよりも、ヘブライ的思考からの推測であって、明快ではあるが、この「似姿」というのは実は「像」の完全さの度合いを示すものである。[*15]

そこで彼は人間に見られる神の似姿を卓越性を示すものとみなし、この卓越性によって人間がすべての種類の動物に優るものであり、「神の像」というこの言葉でその「完全さ」が表現されていると考えた。また「神の像」の第一義的な座は、精神と心情、あるいは魂とそのもろもろの力とにあるが、身体といえども何らかのきらめきが、つまり神の栄光の輪郭が輝き出ていると主張する。しかし、アウグスティヌスが行ったような「記憶・知性・意志」といった三位一体的な魂の機能分析は思弁的であって何ら健全なところがなく、またクリュソストモスのように「神の似姿とは、人間に委ねられた主権のことだ」とみなす神の代理という考えにも問題があると説いた。カルヴァンによるとこの見解では、人間が万物の主人にして所有者に定められているとの考えに由来するにしても、このことが、「神の像」の唯一の目じるしであるかのように説くのは正しくない。彼は「神の像」が人間の外面にではなくて、その固有の意味では内面に探さねばならないと批判している。[*16]

(2) 神の像の破壊と再生

原罪による神の像の破壊について彼はルターの思想を受け継ぎながらも、人文主義者の見解をも合わせて考察する。この点ではメランヒトンと全く同一な姿勢をとっている。

アダムがその位置からすべり落ちたとき、この背反によって神から遠ざかったことは、疑いない。そこで、かれのうちに「神の像」は徹底的になくされ・取り去られたわけではない、とわれわれは認めるのであるが、それははなはだしく腐敗していて、残っているものはどれもこれも、恐ろしいまでに醜悪になっている。したがって、われわれの救いの回復の手はじめは、われわれがキリストによって達する更新のうちにこそある。……再生の目標はわれわれがキリストによって「神の像」に変えられることにある。……われわれは今や、キリストこそ神の最も完全な「像」であることを見る。このキリストと同じ形に回復されるならば、われわれは真の敬虔と、義と、純粋さと、知性とにおいて「神の像」をもつのである。[*17]

実際、「神の像」は初め精神の光明と心情の正しさとすべての部分の健全さにおいて明らかであった。それゆえ神の像を内面に求めて、人間の魂が神から流出してきたがゆえに、神の本性をもっていると考える新プラトン主義の流出説は狂気の至りである。人間の魂には「神の像」が刻まれてはいても、被造物であることには変わりはなく、像が優れているのは神から与えられた「性質」にすぎない。このことは像の痕跡である「恥」の現象によって明瞭に示されている。「しかし、これの痕跡はこの霊それ自体の中にも刻み込まれて残っている。すなわち、人間が自己の名声をあまりに気にするのは、何によってであろうか。それは恥を知る心からでなくて何であろうか。しかし、この恥はどこから来るか。それは道徳的な高貴さへの顧慮からでなくて何であろうか。さて、こうなっていることの起こり、また原因は、人が、自分は義を尊ぶように生まれついている、と理解しているからであり、この中に宗教の種が含まれる」[*18]。この「宗教の種子」という思想は人間の内なる神の像として古来説かれてきたものであり、これによって神との関係が回復される人間的な基礎として考えられたものである。

もちろん神と人間との関係は神の恩恵によってのみ現実には回復されるのである。そうすると「神の像」という言葉には第一に人間のうちに神の栄光が現われているという一般的な意味がある。だが、神ご自身はキリストにおいて示されるがゆえに、キリストが「神の像」であり、人間はキリストと共に神の像とされている。したがって第二にこの言葉は人間に見られる神への英知的応答に示される特殊的な意味で用いられている。神がキリストによって神の子となす恵みに対して人が愛と信仰とをもって応答するとき、人間は神の像を身に帯びる。神の像はこの応答の基礎として堕罪においても残存している。

人間と神との間にあるこのような像関係に対応するものとして、カルヴァンはアダムとエバとの関係を指し示す。アダムとエバとは相互扶助の社会をなし、公正な釣合いを保ち、一方が他方に応答し、服従する。この関係に特有なあり方は「方正さ」(rectitudo) と呼ばれる。この方正さは世界の創造秩序や人間の神に対する依存に示されるが、神に対する人間の服従や人間に親しく語りかける神への、子としての応答の中に反映している。したがって人間は神との交わりのために造られ、共同社会における生活の中で方正さを保つことによって神の栄光を現わすのである。これこそ原初の創造秩序であった。堕罪後の秩序の混乱はキリストにおいて聖霊を通して再生することで克服される。このことは、神の像が魂の生来的属性ではなく、聖なる潔さ・義・知識・真理における霊的反映であることを示している。この反映に人間性の特徴が現われている。こうして神の像は本質的に霊的であり、父なる神への応答のうちに現われる。[*19] 神の栄光を求めて社会的な実践に向かったカルヴァン主義の特質はこのような神の像の理解にもよく表われている。

(3)「宗教の種子」とは何か

先に「宗教の種子」が神の像の説明のために使われていた。そこにはストア派のキケロの学説が重要な意味をもっている。しかしカルヴァンはキケロのみならず、アウグスティヌスに何も言及していないが、それでも明らかにアウグスティヌスがキケロから受け継いだ思想を使って、この困難な問題を解き明かしている。この点を明らかにすることによってカルヴァンの学問的知識の豊かさを考察してみよう。このことも実はエラスムスと同様に大きな魅力の一つであるから。

彼は「人間の精神のうちに、自然的衝動といってよいような、神的なものへの感覚がそなわっている」ことを問題とする。それはキケロが言うように「議論の余地のない」ほど明瞭である。[*20] どんな粗暴な人種でも「神がある」という確信をもたないものはない。

それは「世界の開闢以来、宗教なしですますことができた国はひとつもなく、そのような町はひとつもなく、そのような家すらひとつもない」からである。[*21] 宗教が古代に使われたように国家の安定のためだとしても、それ自身で重要な意味をもっている。それは「人間の精神のうちに宗教への傾向が芽ばえるべき種子」[*22] があるからである。もっとも、この種子は非常に腐敗しているので、もっとも悪しき実りしか生じない。それでもそれは「神的なものについての感覚が、生まれながらにして人の心にきざみ込まれている」[*23] ことを示す。なぜなら神が「宗教の種子」を人々の心に植えつけられたからである。それゆえそれは人がどんなに粗野であり、愚鈍であっても、神を知らなかったことを口実にすることができないほど、明瞭に、注意を引くように刻みつけられたと説かれた。*24

宗教の意義をこの「種子」によって説明したのは、ここにあるキケロの引用によって知られるように、ストア派の概念「ロゴス・スペルマティコス」（種子的理念＝rationes seminales）によっている。ストア派はアリストテレスの世界生成説をも受容しており、存在の生成を語るとき、種子を使って説明し、種子の中に見えないが潜在しているロゴスが時間とともに生育し、やがて樹木にまで成長して、種子の完全現実態（エンテレケイア）に達すると説明した。この学説がストア派からアウグスティヌスに流入し、生命体の創造過程の説明に用いられた。アウグスティヌスはその著作『創世記逐語講解』のなかで、先の「種子的理念」が元素の間に蒔かれ、そこから諸々の生命体が創造時に造られたと語った。*25 この考えがアウグスティヌスをよく学び知っているカルヴァンによって人間における宗教心の説明に使われたといえよう。こうして宗教心でもある人間の霊性が、ルターによって「良心」から説明されたよりも遙かに分かりやすく「種子」によって説かれている。ここにもわたしたちはカルヴァン神学の魅力を見いだすことができる。

（4）カルヴァンの魅力

ルターは政治的能力に欠け、ドイツ人らしく狭量で偏見にとらわれやすく、激情的行動にかられては失敗をくり返した。これに対しツヴィングリは政治的には広い視野をもっていた。彼はフィリップ・フォン・ヘッセンと計ってプロテスタント同盟の計画を立てたが、聖餐論でルターと分裂し、成功するにいたらなかった。彼の思想には霊性主義の色彩を帯びた急進的性格があったが、過激な再洗礼派は彼に同調できず、彼から離れていった。これに対し、カルヴァンはエラスムスから学んだばかりか、ルターとツヴィングリの思想を総合し、プロテスタント神学の完成者となった。法学とヒューマニズムの教育を受け、パリとオルレアンにて神学を学び、二四歳のとき教会を初代の純粋さへ回復すべき使命を受け、「突然の回心」を経験した。さらにルターに学んで宗教改革に傾倒し、福音主義信仰のゆえにフランスを追われ、スイスで活躍した。彼は最初人文主義者として出発した。したがって彼はツヴィングリと同様人文主義者たちの改革運動に参加したが、宗教改革者に転向した。彼はまた法学で学んだ組織的な能力を発揮して、教会を組織し、教義を体系的に確立した。彼はルターの信仰義認論の決定的影響を受けているが、すぐれた個性と迫力をもって独自に思想を展開させた。次に挙げる点は両者の相違点として考えられるものである。

(1)カルヴァンはプロテスタンティズムの三原理を徹底的に組織化していった。なかでもジュネーヴの改革の基礎となった「教会規程」では教会の職制を牧師・教師・長老・執事の四つに区分し、教会の組織を完成させた。彼によると教会は選ばれた者を聖潔な生活に向けて教育する機関であって、訓練が重んじられねばならない。このために教会役員の任務が定められた。次に聖書主義においてもルターをしのぎ、聖書は信仰と知識の唯一の根源とされた。ルターはヤコブ書を「藁の書簡」と言ったように神の言葉と聖書を区別していたのに、カルヴァンでは両者は同一視され、後代の逐語霊感説への基が据えられた。

(2)ルターの「信仰によるのみ」の教えをカルヴァンは継承しているが、律法と福音とをルターよりも接近させ、福音によって罪を赦す神がいつも律法による審判者や支配者として現われ、この神にすべての栄光を帰さねばならないと説いた。そして「ただ神の栄光のために」がカルヴァン主義の標語となり、ルターの「信仰によるのみ」とニュアンスを異にしており実践的である。ルターが信仰によって罪から救われた者の歓喜を強調したのに対し、カルヴァンは救いを可能にする神の摂理を客観的に語った。つまりルターの宗教が良心の苦悩に対する「慰め」を主題にしているのと比べると、カルヴァンはそれを可能にする神の摂理と栄光が主題となった。予定説はこのことの表現であって、その説はスイスのバーゼルで出版された『キリスト教綱要』の初版（一五三六年）にはなく、迫害が亡命者たちを生み出すに応じて、彼らを慰め、救いの確実なのを告げるために神学体系に組み入れられた。とりわけ不評を買った救済と破滅との二重予定説もツヴィングリとブツァーを通してカルヴァンにおいて完成されたもので、ルターの「信仰によるのみ」の救済説の徹底と論理的な帰結であったとみなすことができる。

(3)ツヴィングリの後継者ブリンガーはカルヴァンと聖餐について「ツヴィングリの合意」を締結した（一五四九年）。この合意はツヴィングリの象徴主義を保存しているが、同時にブツァーが説き、カルヴァンも支持するキリストの霊的実在性を強調するものであった。これによってスイスにおけるツヴィングリ派とカルヴァン派は合同して改革派となった。

(4)カルヴァンはエラスムスやルターよりもアウグスティヌスを愛好し、その教説を積極的に採り入れた。エラスムスがアウグスティヌスの『キリスト教の教え』を愛好し、ルターが『霊と文字』に傾倒して義認論を確立し、「パウロとアウグスティヌス」によって自己の神学を確立したのに対し、カルヴァンは『三位一体論』の神学方法論を修得し、神学を組織的に叙述するようになった。また先に触れたように彼が「宗教の種子」が人間の心には蒔かれていると主張するときには、アウグスティヌスの学説が背景になっており、こうしたアウグスティヌスの愛好ぶりは信じられないほど深かった。だが、ここにもキリスト教神学のすばらしい伝統を重んじる彼の態度が示されている。

(5)ルターがキリスト者は信仰が「神を喜ばすために」働いて愛のわざに励むように説いたのに対し、カルヴァンは律法の第三用法を説き（第一用法は市民的用法、第二用法は神学的用法）、律法を信仰者の従うべき戒めとなした。そこから後代において厳格な禁欲生活が説かれるようになり、神の栄光をあらわすため各自に与えられた召命に従って職業活動に励み、自己の救いを確証するように説かれるようになった。マックス・ヴェーバーは現世否定の禁欲の精神がルター派よりもカルヴァン主義の改革派において強力に働いて、公共の政治や経済活動に多大の影響を与え、西ヨーロッパにおける近代産業資本主義の形成に役立つ職業倫理を生み出したことを明らかにした。

カルヴァンは宗教改革者の第二の世代に属し、それよりも前に確立されたプロテスタンティズムをいっそう強化し、確固なものとなした。その教会中心主義の政策には多くの疑問をもつ人がいても、神学・政治・経済・社会の領域に残した影響は計り知れなく大きいと言わねばならない。

終わりに

アウグスティヌスの有名な言葉に「理解するためには信じなさい」という命法があるが、それには補足命法として「信じるためには理解しなさい」が付いている。二つの命法の内容は矛盾したものだが、この命法は初期の作品『真の宗教』から晩年まで変わらない彼の基本姿勢であった。カルヴァンは青年時代から最晩年まで何度も『キリスト教綱要』を改訂し続けた。エーベリングの研究によると改訂ごとに内容に変化が見られ、わたしが取り上げた「神と人との認識」に関しても各版ごとに変化があるという。[*26] これは先のアウグスティヌスの補足命法「信じるためには理解しなさい」を徹底的に実行した結果ではなかろうか。宗教改革者は皆、エラスムスもルターも、ルターの先輩のカールシュタットでさえも、アウグスティヌスの著作を尊重し、それを神学の形成に役立てた。それに対しカルヴァンは全生涯を通してアウグスティヌスの精神に生きたとしか考えられない。このようなカルヴァンに魅力を感じるのは、わたし自身が最初ルター研究を希望したのに、たまたま指導する教師がアウグスティヌスの研究者であったので、アウグスティヌスからヨーロッパ思想史の研究を始めたことに関係があるのかもしれない。

注

＊1　ファン・エクはカルヴァンにおけるこの変化に着目する。彼によると、『綱要』初版以降カルヴァンは「人間的なるもの」を意味する humanus を新たに強調しはじめた。この語には「自己の自律性（autonomie）を維持するために神に反抗する人間」が示される。そこには人間存在の限界があるという意味が含められる（アジア・カルヴァン学会日本支部編、久米あつみ監修『新たな一歩を――カルヴァン生誕五〇〇年記念論

集』キリスト新聞社、二〇〇九年、一三七―一三八頁参照)。

＊2　カルヴァンは窮屈で、冷徹で、感情に乏しいと誤解されてきたが、それは誤りである。彼は改革者として多くの苦しみを経験し、痛みを負ったが、深い慰めを神によって得て、隣人を慰めることを志した。予定説の教えも亡命生活を送っていた人々のために説いた。さらに信仰の倫理を強調し、教会と社会の秩序を強調した。

＊3　アウグスティヌス『ソリロクィア』一・二・七。

＊4　アウグスティヌス、前掲書、二・一・一。

＊5　Luther, WA 40, II, 327, 11-328, 3.

＊6　P. Althaus, Die Theologie M. Luthers, 1962, S. 21f.

＊7　G. Ebeling, Cognitio Dei et hominis, in: Luterstudien, Bd. I, 1971, S. 221ff.

＊8　カルヴァン『キリスト教綱要』久米あつみ訳、教文館、二〇〇〇年、三三頁。

＊9　関口康「カルヴァンにおける人間的なるものの評価」からファン・エクの言葉を引用。アジア・カルヴァン学会日本支部編、前掲書、一四四―一四五頁参照。

＊10　カルヴァン、前掲訳書、三三―三四頁。

＊11　カルヴァン、前掲訳書、三四頁。

＊12　Calvin, Institutio Christianae religionis, 1559, I, 15, 1.『キリスト教綱要I』渡辺信夫訳、新教出版社、一九六二年、二一四頁。

＊13　Calvin, ibid, I, 15, 2. 前掲訳書、二一五頁。

＊14　Calvin, ibid., I, 15, 3. 前掲訳書、二一八頁。

＊15　この点に関して金子晴勇『ヨーロッパの人間像』知泉書館、二〇〇二年、五七―六二頁を参照。

＊16　Calvin, ibid, I, 15, 4. 前掲訳書、二二一頁。

＊17　Calvin, ibid., I, 15, 4. 前掲訳書、二一九―二二〇頁。
＊18　Calvin, ibid., I, 15, 6. 前掲訳書、二二三頁。
＊19　トーランス『カルヴァンの人間論』泉田栄訳、教文館、一九八〇年、三六―三七頁参照。
＊20　キケロ「神々の性質について」一・一六・四三、一七・四五。
＊21　カルヴァン、『キリスト教綱要』五五。
＊22　カルヴァン、前掲訳書、五六。
＊23　カルヴァン、前掲訳書、六三。
＊24　カルヴァン、前掲訳書、六四。
＊25　詳しくは金子晴勇『アウグスティヌスの人間学』創文社、一九八二年、二九九―三〇七頁参照。
＊26　G. Ebeling, op. cit., S. 239-255 参照。

9　シュヴェンクフェルトの意義――「義認」から「再生」へ

宗教改革者の中にはルターの思想に共感しながらも、エラスムスが批判の対象とした儀式の問題で、分離することになった優れた思想家が輩出してきていた。とりわけ一五二〇年代の後半にルターと袂を分かった分離派にはミュンツァーや再洗礼派だけでなく、ルター派に留まろうとしたが、不幸にもルターから分離せざるを得なかったシュヴェンクフェルト（Caspar Schwenckfeld, 1489–1561）をとくに取りあげて考察してみたい。彼はルターのように農民出身ではなく、貴族の家に生まれ、その信仰においても神秘的な傾向をもっており、当時の人々に与えた人格的影響からみても、またその著作活動から察しても、ルターに匹敵する人物であったと思われる。彼は神秘主義に親しんでいたが、それを受容するにはあまりにも歴史的なキリストの生命と使信に思いを寄せていた。彼は当時のルター派とも人文主義者たちとも同調できなかった。前者が客観的な教義や制度を重んじるようになり、霊性主義者たちを排除したため、儀式・制度・文字といった外的なものに依存するようになったと感じた。また彼は堕罪による罪の現実に真剣に取り組んでいたので、後者の人間主義的な霊性の道を歩むこともできなかった。彼は「義認」を単なる「宣義」つまり「法廷的な無罪放免」と説くルター派の義認思想を拒否し、それを内的人間の現実的な新生、つまり「再生」として捉える。そこから彼は生ける信仰の力による人間性の徹底的な改造を強調した。したがって「義認」とは現実に義人となす「義化」に他ならないと説いた。そのさい彼は信仰が神から人間の心に浸透してくる神的な光の流れであり、これによって信仰者は神と隣人とに対する愛で燃え立たせられることを力説した。

こうした霊的な革新の力こそ、事実、宗教改革を準備し、育成してきたものであった。ルター自身も中世の神秘思想から霊的な革新の力を汲み取ってきたが、一五二〇年代の後半になると新たな教会秩序、教義、正統信仰を形成し、神と人との間にこのようなものが不可欠であると考えるようになった。そこから「ルターは自ら定めた道から外れていった」と感じられた。[*1] このような傾向に対決して、シュヴェンクフェルトは神やキリストに対する神秘主義的な信仰をどこまでも主張し、擁護しようと努めた。こうした彼の思想の影響を受けて一七世紀のドイツ敬虔主義は生まれ、ルター派教会にとどまりながらも、啓蒙思想と対決するようになった。この敬虔主義の源泉となった点で彼の歴史的な貢献が認められる。

（1）シュヴェンクフェルトとルターとの接点

シュヴェンクフェルトはドイツ、シュレージエン地方のリーゲニッツ公爵領の貴族の子として生まれ、ケルン、フランクフルト、エルフルト大学で学んだが、一五一一年頃世俗的成功を求めて宮廷生活に入った。ところが一五二一年頃ルターの宗教改革に共鳴して宗教改革の運動に参加した。だが聖餐その他で意見が合わず、急速に制度化したルター派教会に反対した。

まず『シュレージエンの兄弟たちすべてに対する勧告』（一五二四年）で宗教改革の皮相性を問題にし、そこに「内的把握の欠如」を指摘し、改革が「救いの初歩的約束」段階に止まっている点を批判した。さらに『福音の最も重要な条項の誤用に関する警告』（一五二四年）以来、改革者の間で論争がはじまり、一五二七年には最後的な分裂に至った。彼はルター派の敵意と迫害を受けたので、自主的にシュレージアを去って、シュトラスブルク、アウグスブルク、ウルムと移動しながら三〇年にわたる亡命生活に入った。彼は敬虔で徳行高く、その神秘思想を支持した人々は少なくなかった。一五六一年ウルムで没する。彼の信徒はオランダに移り、その後イギリスおよびアメリカに渡り、ペンシルバニアにも多く見いだされた。

シュヴェンクフェルトはルターより六歳年少に過ぎず、一五二一年頃ルターの宗教改革に共鳴したものの、早くも四年後の一五二五年には聖餐の理解でルターとの相違に気づいた。とはいえ彼はそのときまでは少なくともルターの信奉者であり、その弟子であった。彼は一人の平信徒としてルターの思想を心情的に受容し、貴族として務めた宮廷から離れた。それまでは青年時代をブリークのゲオルグ一世の宮廷で宴会・遊戯・舞踏などの歓楽的な生活を送っていたが、宗教的な救済を求めていた。それに対しルターはその青年時代を暗くて狭い修道院の独房で断食・徹夜・祈りからなる苦行によって救いを探究した。こうした両者の青年時代の体験の相違はどうしても宗教理解にも反映し、同じく義認を経験しても思想の基本的な違いを生み出した。*2

この求道時代にシュヴェンクフェルトはルターの『七つの悔い改めの詩編講解』（一五一七年）を読

み、そこから彼は信仰と敬虔な生活を共感的に学びとった。[*3] さらにルターが編集した著者不明の『ドイツ神学』の基本思想でもあった「アダムとキリスト」という人間学的に対置させる視点を彼は受容し、信仰が厳しい真剣な悔い改めから生まれることに共感を覚えた。たとえばルターが「今やわたしたちは、アダムが出ていき、キリストが入ってなければならないような状態にいる」と言っているのに倣って、彼は「それは助けにならない。アダムは出ていき、キリストが入ってこなければならない」と強調した。[*4] そのさいアダムの原罪を「自己愛」と見なす点で、ルターの思想に共鳴しており、キリストと苦難に与って「同形化すること」(gleichförmigkeit) を等しく説いた。[*5]

その他にシュヴェンクフェルトとルターとの思想の共通点を挙げると、人間の意志の無力と神の憐れみによる奇跡的な賜物としての信仰および新生、さらに地上における古いアダムの罪性からの清めは絶えざる生成の途上にあるという点が挙げられる。したがって彼は霊性主義者たちの考えとは全く相違しており、ルターにきわめて近かった。さらに信仰と心の刷新との親密なる関係、つまり義認と再生との生ける関連、さらに内的な真実な正しい性質と外的で見せかけの偽善的なわざとの鋭い区別を強調する点でも一致点が見いだせる。[*6] 彼の根本思想である「内的な言葉の経験」も実はルターでも力説されていた。たとえばルターが『七つの悔い改めの詩編講解』で「わたしたちの罪が赦されるためには、神は密かにわたしたちを訪れなければならない」と言っているのに一致して、彼も言う、「わたしたちの罪が全く赦されるとき、わたしたちはまさしく御霊の語りかけをもたねばならない」[*7] と。

ところで神秘主義の著作からは彼は多くの影響を受けた。とりわけタウラーの影響は大きい。たとえば彼は繰り返し次のように説く、「要するに、キリスト教的な教師タウラーの言葉を用いていえば、その初めと中間と終わりのために神をもたないような行為にはすべて神を受け入れている少しの形跡をも見出すことはできない」と。[*8] またタウラーが強調する神秘主義の「放棄」の思想も受容して『放棄について』（Von der Gelassenheit, 1538）という論文を書いた。さらに一五世紀の神秘主義的な思想家トマス・ア・ケンピスの『キリストに倣いて』（一五一八年頃）のドイツ語訳の出版に尽力し、その序文にはその影響の跡を記録している。[*9] さらに同時代人の神秘主義者セバスティアン・フランクの『パラドクサ』の草稿を読んでおり、魂におけるキリストの誕生に賛同している。[*10]

（2）独自な恩恵体験と新しい創造的生活

シュヴェンクフェルトは人間の堕罪による本性の毀損の現実、つまり理性の盲目と意志の無力とを認める現実主義的な人間観に立っていた。それゆえ人文主義者エラスムスやその影響を受けたデンクさらにフランクとも相違して、人間の魂が神的本性をもっているとは考えず、救済は自己の外から来る神の行為によって生じると説いた。この点で彼は「他なる義」（iustitia aliena）を説くルターの義認思想に立っていた。ところが彼の独自な恩恵による救済体験がこれに加えられる。そこからルターとの相違点が説かれるようになった。その相違は次の三点に示される。

⑴神との直接的な接触　第一に特徴的な点は、救済体験が神から直接魂に働きかけられて生じており、救済が「驚くべき出来事」として経験されていることである。

⑵新しい誕生　次にこの超自然的な救済はあらゆる点で新しい存在を魂の内に誕生させており、現実的な再生を起こしている。

⑶実践活動　さらに再生によって新しく創造された者は生ける真理に奉仕する実践生活に導かれる。こうした超自然的な体験は「恩恵に満ちた訪問」（gnädige Heimsuchung）と呼ばれており、それは神と人間とが霊において神秘的に「合一する」（vereinigen）ことを目的とする。それゆえ彼はこの経験を「主なる神はさらに恩恵をもってわたしたちを訪れ、彼の恩恵を賛美させるために、彼の霊と合一させたもう」と言う。[*11]

ところがこの体験はルター派の人たちには個人的な特殊な体験として受けとられてしまった。[*12]しかし彼はこの経験を創造のときの「光りあれ」と同じく大きな変化を惹き起こす出来事とみなし、実にキリストにおいて歴史的に起こった出来事と比べる。すなわち、神の言葉の受肉であるキリストは、新しいアダムとして「命を与える霊」であり、人間の本性を霊と生命でもって改造し、神的な実体に改造したもう新しい人間性の創造者なのである。それゆえキリストはご自身を内的に信徒の魂に結びつけ、霊的な肉と血となり、新しい民の霊的な頭《かしら》となった。彼は次のように言う。

もし人間の魂が真実に養われ、生き生きと育てられ、水がそそがれるならば、永遠の生命をもつに至るであろう。魂は肉的な生活に死し、自己のうちに神的で霊的な生命を受容しなければならない。そして自己の源泉を神の存在のうちにもち、イエス・キリストの内的に働く生ける肉と血によって魂に仲介されなければならない。[*13]

このようにしてキリストを仲保者として魂は霊なる神との霊的な合一にいたることが力説された。それゆえシュヴェンクフェルトにとって救済とは新しい創造の生命に与ることである。これはより高い霊の国もしくは天上界への移行であり、より高い霊的な世界の潮流が魂の内に入ってきて、霊的な力によって更生する経験として与えられる。そこには神秘的経験の最高段階である神秘的な「拉致」(raptus)[*14]の体験が次のように語られている。

確かに信仰は天上的な賜物である。義は天上から前進してきて、心を清めかつ改造する。こうして恩恵によって心は先駆ける義を信じるのであるが、単に字義的な言葉ではなく、自己を超えて神の言葉の内に拉致される。すると心は聖霊によってこの神に寄りすがる。[*15]

このような新生によって死すべき人間は神秘的な「神化」(deificatio)にまで到達する。つまり、肉となった御言は人間の内的本性に働きかけ、信じる者を霊的にして神的な天上的な存在に変化させる。ここから「聖霊の高価な賜物は神の本質的な存在から流れ出て信じる者の心に入っていく」という神秘的経験が与えられる。それゆえ「真実な信仰、つまり義とする信仰は外から来るのではない。それは聖霊による慈悲深い、無償の神の賜物である。それは神の永遠の生命からの流出物(Tröpflein)であり、神ご自身と同じ本質にして同じ実体である[*16]」。このような信仰による内的な誕生の証言には絶えず生き生きとした響きが感じられ、そこから倫理的な力の横溢と奉仕する精神への招きがなされる。

信仰は一つの浸透していく光の流れであり、神ご自身である中心的な神的な光にして火からわたしたちの心に流れ出ている。これによりわたしたちは神と隣人とに対する愛によって燃え立たせられ、……こうして神の国に備えられるようになり、神の子となるように準備される。[*17]

したがって彼は霊的な力としての神の言葉と並んで聖書の言葉も尊重する。この点でミュンツァー、デンク、フランクなどの霊性思想とは一線を画している。「内的な御言葉に声、音、表現をもって仕える他の言葉は外的なことばである。それは外的な人間によって耳の感覚をもって聞かれ、文字をもって書かれ、読まれる。これだけを読みかつ聞いていても、内的な言葉を聞かない人はキリストの言葉、恩恵の福音を聞かないし、受容も理解もしていない[*18]」。そこには内的と外的との人間の二重の本性が区別され、「キリスト教的人間は二重の人間であって、いわば内なる人と外なる人である」と説かれる[*19]。このような人間学にもとづいて人間に対する神の関係が次のように述べられている。「こうして神は人間に二重の仕方で関わり、ただ〔内的な〕言葉でもって、つまり御自身でもって内なる人に、印や象徴〔といった外的な言葉〕でもって外なる人に関わっている[*20]」。これに応じて信仰にも霊的な経験が重要視される。彼は言う、「それゆえ信仰は外的に聞くことから来るのではなく、神の霊感によるのである[*21]」と。したがって内的で霊的な御言葉から切り離されると、身体が霊から引き離されて死ぬように、文字としての言葉は死んでいる。それゆえ外的な聖書の言葉は内的な言葉なしには理解されないと説かれた。

（3）ルターの信仰義認論と聖餐論に対する批判

シュヴェンクフェルトは罪の現実を重視する人間観ではルターと一致していたが、恩恵を受領する心の働きをどう捉えるかで意見を異にするようになった。こうして彼は宗教を内的に生かしている霊的な力を探求していって、ルターの信仰義認がもっている問題点を指摘するようになった。もし義認論において罪人の無罪を宣言する法廷的な「宣義」としての「義認」が強調されるようになると、[*22]信仰はもっぱら自己の外部に関わり、信仰する主体は問われることなく看過されてしまう。その結果、義認信仰はもっぱら自己の外部に関わって、外から何か魔術的な効果が発揮されるようになると彼には思われた。「シュヴェンクフェルトをして宗教の問題にいっそう深く研究させるべく駆り立てたのは、この粗野で魔術的な信仰への依存が行き渡っていることを発見したからである」[*23]。そこでどうしたら現実に新生し、改造され、更新されて、「義化」（Gerechtmachung）に到達するかが問題となった。そこから彼は「義認は単に罪の赦しであるのみならず、また内的人間の現実的な癒しであり、新生である」[*24]ことを探求するようになり、「義化とは単に罪の赦しと責任免除のみではなく、さらに一種の心の改新でもある。だから〔新たな人間は〕神によって命あふれる者となり、またそのゆえ信仰の従順を修得し、まったき帰依の心と善き行いのうちに歩む」[*25]と説かれた。これが心の改造であり、再生である。

この「再生」（Wiedergeburt）こそが人間の義化であって、神に造られた人間が神によって生まれる「第二の誕生」であり、これこそ中世ドイツ神秘主義が究極の目標として掲げた「魂の根底における神の誕生」のもう一つの表現であったといえよう。[*26]

次にシュヴェンクフェルトがルターを批判するに至った聖餐について考えてみたい。この批判も彼の「再生」の思想に由来する。当時聖餐理解をめぐって宗教改革者の間で激しい論争が起こり、ルターからの分離がはじまった。もちろんカトリック教会の化体説（パンや葡萄酒という物素がキリストの体と血に変化するという実体変化説）は、プロテスタントによって退けられたが、ルターの実質的現在説（神の言葉と信仰によってパンと葡萄酒にキリストが現在するという説）とツヴィングリの象徴説（聖餐はキリストの肉と血のしるしであるという説）とが対立して教義上の一致をみるに至らなかった。ところがシュヴェンクフェルトは復活と高挙によってキリストは神的な本性と栄光とを受けたので、彼の身体は生命を与える力となっており、信仰はこのようなキリストと一体となり、天上の栄光あるキリストの身体に与っている。これが聖餐である。それゆえ聖霊によってわたしたちのもとに来る永遠の神的存在こそ聖餐における救済の内実であり、これに与ることによってわたしたちの肉は再生し、霊化され、神的になると説かれた。

それゆえ彼によって外的な聖餐の儀式と並んで内的な心の聖餐が主張され、それによって永遠で全能な御言葉が現在することが経験され、心は自己を超えて神と天上界に高められてキリストの体と血が真実に受容されると説かれた。たとえば彼は聖餐において信徒が与る生命について次のように語っている。

永遠の言葉であるわたしを、御言葉と真理において、信仰である神の力によって捉える者は、至福と天と永遠の生命を捉える。……というのも新しい内的人間の照明された眼は信仰の精神の内に高められて、天上界にいますキリストをめざすが、外的な手段、時間、場所やこういう存在の偶然性の外に、キリストを通して永遠の善なる父なる神に向かい、この神に心から本当に寄りすがる。[*27]

ここから聖餐によって「今やキリストは父の内にあり、父はキリストの内にいる。そしてキリストを信じる者は天上的な存在の内にある」[*28]と彼は述べて、信徒は天上的な現実に導かれると説いた。シュヴェンクフェルトはルターから持ち前の野卑な中傷を浴びせられた。とりわけルター派のマッティアス・フラッキウス・イリリクスによる告発には反論せざるを得なかった。元来穏やかで平和を愛好する彼が『ルターの中傷に対するシュヴェンクフェルトの回答、一五四四年』を書くように駆り立てられ、ルターに対して厳しい批判を行ったが、それも彼が受けた激しい迫害と中傷の状況から起こったのである。彼の思想の中心はここでも恩恵体験における神秘的な聖餐の理解である。彼は神秘的な聖餐と外的な儀式としてのサクラメントとを区別し、神秘的な聖餐をヨハネ福音書第六章とアウグスティヌスおよび「教会法」にもとづいて神学的に論じる。[*29]そこには神秘主義の伝統が影響しており、キリストの体とキリストの花嫁とが一つになる経験が説かれる。こうしてキリストの天上的な体は、その霊においては被造的ではない仕方で存在するので、それを霊的に認識できる信徒にはどこにいても役立っている。ここからルター批判が次のようになされる。すなわちルターの聖餐論ではパンと葡萄酒を物理的に採ることと霊的に採ることとが二元的に分けられる。それは元来霊的に一つのことでなければならない。また功績や代価なしに授けられるサクラメントは客観主義的な「事効」(opus operatum)となり、サクラメントや象徴またしるしを生けるキリストと同一視する誤りを犯すことになる。かつてはルターも生けるパンを内的に食する必要を説いていたのに、今や外的なサクラメントを重要視するようになった、と彼は批判した。[*30]

(4) シュヴェンクフェルトの影響

このように彼が強調する生命的な信仰は、神との「神秘的な合一」を含んでおり、聖餐で与る「キリストのからだ」の特徴的な解釈から来ている。彼によるとキリストは確かに人であるが、いささかも被造物ではない。というのは人間の本性がそれ自体で神を受容できるからである。したがって人間は神の本質と本性と共存できる。それゆえ神の子のキリストが人となったというとき、彼はマリアから被造物でない肉を受けたのである。こうしてマリアの無原罪の受胎説に近い思想が表明された。彼は一五三七年まではキリストがマリアから受けた肉は被造的であると考えていたが、[*31] その翌年には被造物ではないと主張するようになった。[*32] それは被造的な肉ではなくて、霊に満たされた肉となったのである。ここにシュヴェンクフェルトの新しいキリスト論が誕生する。キリストの肉は天的なものであり、聖餐において人はこの肉に与る。しかもキリストの霊的な肉を食するのは、霊である内なる人間である。こうして人間と被造物との間が鋭く分けられることになる。それゆえ内なる霊的な人間は被造物としての魂でも精神でもなく、被造物的ではない霊的な肉と血からなる、十全なる人間であるということになる。このような人間こそキリストの同類であり、神化され、かつ、変容しており、神の栄光を享受する者であって、霊的な人間は被造物から徹底的に分離した実践的な生活を送ることがめざされた。

ここから内的な宗教の必然性が説かれる。すなわち生命を与えるのは御霊であって、キリストの肉と血は魂を実際に再生させ、新しくし、人の霊を生かすから、再生した者は御言葉と同一となっていなければならない。この更新は御霊の働きによって生じ、朽ちない生命を受領して魂を根底的に変革する。したがって人間における御霊の直接的な働きが彼の神学のアルファーでありオメガであって、それは「キリスト論的な霊性主義」(Christological spiritualism) であるといえよう。[*33]

終わりに、シュヴェンクフェルトと一七世紀ドイツ敬虔主義との関連を指摘しておきたい。わたしたちは彼の思想の核心が、これまで考察してきたように、「再生」であることを考察してきた。それはイエス・キリストの神的本性を自己のなかに受容し実現する完全な人間の形成であった。このために神は再生においてご自身を人間に贈与することが力説された。それゆえ再生によって人間は被造物から脱却し、新たに生まれ変わって神の性質にまで達する。しかも神の本質は、キリストのわざにおいて示されているように、愛なのであるから、再生は愛においてその頂点に達する。彼の説く「再生」は単なる「義認」ではなく、新しい生命への甦りであって、信仰よりも生ける活動的な力が強調される。この強調点の微妙な相違から彼によって「敬虔な者の義認」(iustificatio pii) の姿が浮かび上がってくる。これが一七世紀のドイツ敬虔主義の先駆けとなった。「宗教改革の世紀に誰よりも強く敬虔主義の方向に向かっていたのはシュヴェンクフェルトであった」[*34]。その中心思想である「再生」は、その後ヴァイゲルの「認識の再生」説となり、またアルントの「神の像の再生」説ともなり、さらにドイツ敬虔主義の開祖シュペーナーの「再生の神学」となった。

シュヴェンクフェルトの影響はすでに生前から大きな実りをもたらしており、アウグスブルクには彼の「予定された弟子たち」が小さい親密な共同体を形成し、静寂な霊的信徒として活躍していたことが記録されている。その指導者たちは身分の低い職業に従事しており、あまり社会から注目されていなかったが、「静かな信心家」（stille Frommen）と称して「小集会」を設立して活動した。時折、その運動が発覚し、指導者たちが追放されることが起こった。それは一七世紀のイギリスに起こったクエーカー運動とよく似ている。

注

＊1　コイレ『パラケルススとその周辺』鶴岡賀雄訳、白馬書房、一九八七年、一一三頁。

＊2　ルターでは青年時代の苦闘の証言が WA 26, 508, 32-36 に語られており、シュベンクフェルトでは Corpus Schwenckfeldianorum, 11, 583, 14-16 に言及されている。なおこの点に関して H. Weigelt, Spiritualistishe Tradition im Protestantismus. Das Schwenckfeldertum in Schlesien, 1973, S. 37-38 を参照。

＊3　この点に関してわたしは E. Hirsch, Lutherstudien Bd. 2, 1954, S. 36ff. における示唆に負うている。

＊4　Corpus Schwenckfeldianorum = CS 1, 252, 5-6 および CS 2, 678, 32. ルターの言葉は WA 1, 186 にある。
＊5　Schwenckfeld, CS 2, 80, 19-20. これに対し WA 1, 175 を参照。
＊6　Schwenckfeld, 1, 188: CS 1, 118, 11-15: 1, 256, 9. これに対し Luther, WA 1, 164 参照。
＊7　Schwenckfeld, CS 3, 480, 30-31. ルターの言葉は WA 1, 190 にある。またシュヴェンクフェルトはメランヒトンの『神学要綱』（Loci）の初版本を読んだが何ら影響を受けていない（Schwenckfeld, CS 3, 28, 28）。
＊8　Schwenckfeld, CS 1, 252, 26; 253, 25; 289.
＊9　Schwenckfeld, CS 4, 263-264 参照。なお、ibid., 278-413 にはドイツ語版の『キリストに倣いて』の全文が掲載されている。
＊10　Schwenckfeld, CS 5, 422, 26; 426, 16; ibid., note 1.
＊11　Schwenckfeld, CS 4, 775, 18-19; 22: 5, 100, 21.
＊12　J. Wach, Caspar Schwenckfeld: A pupil and a teacher in the school of Christ. in: Types of Religious Experience, 1972, p. 141.
＊13　Schriften von Kaspar Schwenckfeld = Schriften, vol., 1, S. 664, R. M. Jones, Spiritual reformers in the 16th and 17th centuries, 1928, p. 71 からの引用、以下も同じ。
＊14　「拉致」（raptus）体験の一般的意義に関して金子晴勇『聖なるものの現象学』世界思想社、一九九四年、六九―七三頁を参照。
＊15　Schwenckfeld, CS 2, 594, 17-21.
＊16　Schwenckfeld, Schriten I, 380.
＊17　Schwenckfeld, Schriten I, 634.
＊18　Schwenckfeld, Schriten I, 767a.
＊19　Schwenckfeld, CS 2, 343, 22-23; 5, 524, 18-31.

＊20　Schwenckfeld, CS 2, 343, 24-25.

＊21　Schwenckfeld, CS 2, 594, 24-25.

＊22　金子晴勇『近代自由思想の源流』創文社、一九八七年、二一六―二三三頁参照。

＊23　R. M. Jones, op. cit., p. 75.

＊24　Schwenckfeld, Schriten I, 725.

＊25　コイレ、前掲訳書、四六頁からの引用。

＊26　中世ドイツ神秘主義の「根底」の説については金子晴勇『ルターとドイツ神秘主義』の第四章「Grund（根底）学説の受容過程」を参照されたい。

＊27　Schwenckfeld, CS 2, 503, 29-34 なお ibid., 504, 14-19 をも参照。

＊28　Schwenckfeld, CS 3, 201, 14-15.

＊29　「教会法」というのは Decretum. Corpus juris canonici, Paris, 1705, I, 457 のことである。

＊30　An Answer to Luther's Malediction By Caspar Schwenckfeld before April 23, 1544. CS, 9, 29-59. engl. trans. by Gerhard Schultz, (Spiritual and Anabaptist Writers. Documents Illustrative of the Radical Reformation, 1957, The Library of Christian Classics) p. 163-181.

＊31　Schwenckfeld, CS 5, 793, 20.

＊32　Schwenckfeld, CS 5, 340-342, 19.

＊33　J. H. Seyppel, Schwenckfeld Knight of Faith, 1961, p. 98.

＊34　M・シュミット『ドイツ敬虔主義』小林謙一訳、教文館、一九九二年、三三頁。

10　急進派の革命思想とその問題点
――宗教改革のラディカリストたち

はじめに

宗教改革の歴史において輝かしかった時期は短く、一五一七年から一五二三年の間に過ぎなかった。この期間にさまざまな桎梏から解放しようとする諸勢力は統合し、団結して活動していた。ところがこの運動の創早期に起こった分裂は、キリスト教の歴史における最大の悲劇の一つである。ルターの同時代人の中には宗教改革に参加しながらも一五二〇年代に入ると、次第に過激な改革路線をとる改革者たちが登場してくる。それは「分離派」(Sekten)とか「熱狂主義者」(Schwärmer)と呼ばれる人たちで、彼らに対決して新しい教会は統一的な性格をもった体制を築き上げていった。そのさい彼らはルターが世俗的な主権者と協力して新しい教会を形成していく傾向を批判し、宗教改革運動から分離して、当時有力な思想の潮流をなしていた神秘主義や人文主義を受容しながら、新たに内面的で霊的な宗教に向かう運動を起こすようになった。ルター自身は神秘主義者でも人文主義者でもなく、宗教的教義の改革者として「信仰義認論」の立場を堅持していたのであるが、同時に「信仰神秘主義」「義認の神秘主義」「キリスト神秘主義」といった特徴ある神秘思想を形成していた。それに対して彼を批判して登場してくる、同時代の神秘主義的傾向の思想家たちは、「信仰のみ」や「聖書のみ」を強調するのではなく、むしろ「内面的で霊的な宗教」を確立しようと試みた。その中でも文字としての聖書、聖職制、幼児洗礼、告悔などを否定したり、廃棄したりして純粋な内面性に向かった同時代の思想家たちは、一般的に「霊性主義者たち」(Spiritualisten) と称されるが、彼らの多くは神もしくはキリストとの「神秘的な合一」(unio mystica) をめざす神秘主義的な思想傾向を顕著にもっており、カトリックにもプロテスタントにも所属しないで、「分離派」を形成した。

彼らは初めルターの宗教改革に参加し、思想的に影響を受けながらも、宗教的な霊性に対する理解の相違から、ルターによって批判されたため、彼から離れて独自の運動を展開していった。彼らはルターの神秘主義的な霊性を受け継いではいたが、彼らの目にはルターが破壊し打倒したものの大半がルター自身によって再建されており、霊的な自由と福音的敬虔が全く変質し、霊の宗教が再び律法の奴隷にまで転落したと感じられた。彼らの大部分は「狂信家」や「幻想家」とみなされ、哲学者としては凡庸であり、神学者としても二流であったかもしれないが、彼らはルター派教会から多くの迫害をうけながらも、それに屈しないで、宗教改革を起こした霊的革新力を燃やし続け、来るべき一七、一八世紀におけるヨーロッパ思想の創造を準備したといえよう。

この派には多様な傾向が認められるが、その中で過激な革命家たちは「熱狂主義者」と呼ばれ、その代表はミュンツァーであった。彼は神秘主義と千年王国論とを結び付けてルターに対決し、革命路線を突き進んだ。また、ルターの影響を受けながらも、再洗礼派に加わったハンス・デンク、さらに本質的に人文主義者であった神秘主義者セバスティアン・フランクの思想がここで検討する必要がある。というのも、このような分裂の悲劇は、対立する勢力への分化を通して、もし分裂という事態が起こらなかったならば解明されえなかった真理の局面、つまり教義に対する霊性の意義を浮き彫りにしているからである。[*1]

(1) ミュンツァーの革命思想

ミュンツァー(Thomas Müntzer, 1489–1525)は当時勃発したドイツ農民戦争の指導者であった。そのため「過激な革命家」の印象が強く、彼が神秘主義者であると聞くと驚く人がいるかもしれない。だが、実に稀な現象ではあるが彼は神秘主義と革命思想と結びつけようとした。その受けた教育からみても「彼が当時ほんとうに、北ドイツのもっとも学識深く、もっとも勤勉で、もっとも聡明な聖職者の一人であったことは疑う余地がない」[*2]といわれる人物が、青年時代にルターの信奉者となり、その推薦によってツヴィカウの説教者となった。だがそのときから彼は「学芸の侮蔑者」に変身し、「厳しきしもべ」と称して活躍し、同地の下層階級に向けて社会の変革を説き、変革のためには「暴力行為」(Gewalt)も辞さない革命家にまで変貌を遂げた。ここではまず彼の思想の特色を指摘してみよう。

(1) 神秘主義と千年王国論との結合

思想の変化はツヴィカウでタボル派の狂信家ニコラウス・シュトルヒに感化されたことにはじまる。この人によると神は神に選ばれた者たちと幻や夢のなかで交流し、遂に千年王国を造る前にアンテイ・キリストが選ばれた者によって殺される。ミュンツァーは自分がその一人であると信じた。彼は十字架の苦しみを経験したとき、官能的な喜びが消え、謙虚になって聖霊を受ける体験に達した。この「十字架の神秘主義」[*3]こそ彼をして信仰義認論に立つルターと決別させたものである。ここから彼は新しい信仰共同体を形成すべく革命的な社会的実践に向かった。まず一五二二年以降に顕著になったルターの世俗権力に妥協する態度を批判し、ルター派から分離する。民主的な結社を造ろうとするも失敗し、一五二五年には反乱を企て、ドイツ農民戦争の首謀者となる。しかしドイツ諸侯の連合軍に破れ、捕らえられて斬首された。彼の思想は神秘主義の現世否定と直結していた。

ミュンツァーの思想はタウラーの神秘主義、とくにその「魂の根底」という説から影響を受け、それをラディカルに改造したものである。彼は被造物にとらわれた生き方を堕落の根源とみなし、そこから「離脱」することによって、内的に神を経験すると説いた。ところでドイツ神秘主義が神秘的な根源に帰る方法を神と人との関係だけにとどめたのに、彼はそれを人類の歴史にまで拡大し、神秘主義に終末論的な千年王国説を組み入れ、そこから急進的な革命路線を選びとった。こうした彼の思想は『プラーハ・マニフェスト』（一五二一年一一月）に初めて現われ、その後手紙、説教、論文で多面的にわたって展開する。彼はその冒頭で次のように宣言する。

わたし、シュトルベルクに生まれ、尊くして聖なる戦士ヨハネス・フスの都市プラーハに現住まうトーマス・ミュンツァーは、嘵々と鳴りわたって人々をふるい立たせるトランペットを、聖霊への新たなる賛美で満たしたい。[*4]

このマニフェストでは「心を空にする」「試練」「根底」また「神の畏れ」といったドイツ神秘主義に固有な概念が頻繁に使われ、彼の「十字架の神秘主義」の核心が展開し、「試練」や「苦難」が強調され、「神は、被造物が苦難に耐えて空になった状態にのみ語りかけられる」と言明される。これを実現するためにタウラーが説いた「根底の清め」が採用され、神秘主義が革命に利用された。彼は聖霊の直接的な体験にもとづいて社会を批判的に改革しようとする。この種の体験は聖霊が人間の心に直接働きかけることによって生じる。これが「内なるキリスト」であって歴史的「外なるキリスト」と区別される。彼は前者を強調し、後者は革命的な「教師」や「模範」となった。

(2) ルターに対する批判

このような聖霊体験がミュンツァーの思想の核心をなし、それがルターの聖書主義の原理（sola scriptura）を排斥し、平信徒も神秘家と同じく聖霊を直接体験できると説かれた。ここから「平信徒がわたしたちの高位聖職者にならなければならない」という万人祭司性の主張が字義どおりに革命的な色彩を帯びて強力に推進された。

一五二二年以降ルターは当時の政治権力と協力して宗教改革を実現するようになった。そのさい「暴力行為」を彼は世俗的な公権力のみに制限し、民衆の蜂起を禁止した。ミュンツァーはこの保守的態度を批判し、内面的な神秘主義の立場からルターに激烈なる攻撃を加えた。たとえば農民戦争が起こった年に書かれた二つの文書、「まやかしの信仰のあからさまな暴露」や「きわめてやむをえざる弁護論」にそれは顕著に表明された。

ルターも聖霊の経験を重んじたが、神の言葉やサクラメントが自己を超えた他者なる神から受容されると説いた。それに反してミュンツァーでは外的にして被造的なものは否定され、逆に内的な経験に自己意識を集中する。そうすると宗教的な内面性が、前者では自己を超えて他者なる神を志向するのに対し、後者では自律的な主体性自身に向かうことになる。[*5]

彼は何よりも外面的なうわべだけの信心を徹底的に批判し、改革しようと試みた。そのさい聖職身分が批判され攻撃されたのは、それが世俗的な被造世界に埋没し、魂の根底で神を経験することを妨げているからである。そこに黙示録的な終末予言を加えて彼はいっそうラディカルな革命路線へ飛躍する。これに彼の激情的な性格と野望、雄弁な扇動家としての一時的な成功などが加わって勢いが増大するようになった。しかし彼の志向は神へ専心することを妨げている一切を徹底的に取り除こうとする方向に向かった。そのためには人々を被造物への恐れや従属に拘束している一切のものから解放しなくてはならないが、この変化は何よりもまず人間の内奥で起こらなければならない。こうして内面的で主体的な変革がまさに劇的な革命的な方法で遂行されたのである。しかし具体的な社会改革のプログラムは何ももっていなかった。したがって彼の志向は単なる「意識革命」に他ならないといえよう。[*6]

(3)ミュンツァーに対するルターの批判

ルターのミュンツァー批判は「暴動を起こす霊の持ち主についてザクセン諸侯にあてた手紙」（一五二四年）にまとめられている。[*7] 霊性主義者たちの聖書解釈は聖書の外的な文字よりも内的な聖霊を重視することに基本的な傾向を共有する。これはいわゆる「ツヴィカウの預言者たち」と呼ばれた人たちの運動から起こってきた。とくにミュンツァーが影響を受けたニコラウス・シュトルヒの独自な聖書解釈にもとづく一種の神秘主義に根ざしていた。その主張は苦痛と戦慄によって感覚性を捨て去って神との直接的な交わりに入ることであった。この種の神秘的な合一が聖書そのものよりも救いの確実性を保証し、聖化は神による選びの確かさに他ならなかった。彼らは「神なき者」に対決する「選ばれた者」によって社会支配を確立しようとし、聖職制、幼児洗礼、告悔などを廃止する破壊活動によってその目的を達成しようと試みた。ミュンツァーではこうした傾向に激情的で扇動的な勢いが増幅され、再洗礼派では内面的で実践的な傾向が加わった。

ルターはミュンツァーに警告を発していたが、市民的反乱と政治的革命が勃発すると予感し、このような事態を未然に防ぐため社会の平和と秩序を維持する義務を負う諸侯に呼びかけ、それに対処するように勧めて、この手紙を書いた。この手紙では当局がルターとミュンツァーとを同類と考えないように、その相違点が強調されている。

ルターは「ツヴィカウの預言者たち」にヴィッテンベルクで直接会って話を聞いたことがある点を

述べて、その人たちの生き方は神の言葉に反抗するサタン的な「偽りの霊」にもとづいており、それは異端思想と分派活動に反映している、と警告した。次に彼らの行動が過激になって武力を行使する暴動となり、熱狂主義の傾向を帯びてきている点が指摘される。彼らはこうした行動を弁解して、それは神の霊に強いられているからだと言うが、ルターはこれを批判して、次の二点を指摘している。

第一に、教会や修道院を破壊し、聖像を焼き払うことよりほかになんの実をも生まないような者は悪しき霊の持ち主に相違ない。……第二に彼らは霊を誇っているが、それは何の足しにもならない。というのは霊が神から出ているかどうかを、まずもって試されなければならないという聖ヨハネのことば（ヨハ一、四・一）をわたしたちはもっているから。ところでこの霊はまだ試みられておらず、それどころか恣に暴れまわり、熱狂を生み出している。[*8]

したがってミュンツァーによって霊性が強調されていても、それはキリスト教的内実をもたないで、過激な熱狂主義に転落している、とルターは彼を批判した。それでは、正しい霊とは何であるか。ルターによると、それは信仰と愛によって証明され、十戒を実現することによって徳の実りを結ぶにいたる。それゆえ彼は現世の主権の務めについても勧告し、次のように語っている。「しかし、もし彼らがことばによる戦いの限度を越えて、暴力をふるって破壊と殺戮とをしようとするならば、閣下は、それがわたしたちであるにせよ、また彼らであるにせよ、干渉を加えなければなりません。……わたしたちの戦いは、悪魔から心と魂をもぎとろうとする霊的な戦いであります[*9]」と。しかし農民戦争の結果は惨憺たるものとなり、ルターは自己の行動の誤りを陳謝することに終わった。

(2) 再洗礼派デンクの思想的特質

次にわたしたちは当時ルター派に所属しながらも、ドイツ神秘主義の影響を受けてルターを批判するようになった、もう一人の思想家を考察してみたい。宗教改革の当初から信仰義認論がもっている倫理的な脆弱さに対する批判が立ち上がっていた。この批判はわが国においても恩恵を強調した法然や親鸞に対して起こった反動と同じ並行現象である。ルターの義認論を構成している要素の中で予定と奴隷意志の学説に批判が向けられるようになり、再洗礼派は意志の自由と道徳的にも宗教的にも責任を負いうる成人の信仰決断が洗礼には不可欠であることを強調した。この批判はルターの説が「幻想」(Einbildung) つまり「人為的な構造」をもっており、聖書やサクラメントの概念が新しく生まれた信仰を鉄のかせで締め付けていると表明されるようになった。それはさらにルターの義認論が倫理的に無力である点を突き、キリストの模倣による聖化の必要を力説するようになった。こうして再洗礼派の運動に傾いていった多くの思想家の中から、わたしたちはミュンツァーの神秘主義の影響を受けているハンス・デンクを、一つの典型としてとりあげて、考察してみよう。再洗礼派も過激な運動をしたグループであったが、その中にあってデンクはミュンツァーの影響を受けながらも、穏健にして思索的であった。

ハンス・デンク (Hans Denck, ca. 1500–27) はバイエルンのバイバッハ出身で人文主義で有名なインゴルシュタット大学で学士号を取得し、レーゲンスブルクで学校の教師をしている間にルターの影響を受け、福音主義に転向した。一五二二年バーゼルで校正の仕事に携わっているとき、スイスの宗教改革者ヨハンネス・エコランパディウスに親しく学び、その推薦によってニュールンベルクの聖ゼーバルト学校の校長となる。この学校は当時この地の最高の学問所であって、当時隆盛になってきた人文学研究の中心であった。ここで彼は最初はルター派に所属していたのであるが、ミュンツァーと知り合い、ラディカルな急進的な革命論には同調しなかったが、彼の神秘思想の影響を受けた。彼はミュンツァーから「根底」の説を受容したが、これをもって自説を確立する前に夭折した。

彼の思想は内面的で神秘的な霊的傾向を絶えず示しており、神はその御子であるキリストによって霊の内奥に語りかける。ここから「内的な宗教」が説かれるようになった。人間の霊は神の言葉によって創造の根源に立ち返って自由となり、キリストとの一体化のうちに愛の実践に励むようになる。このような自由で内面的な宗教思想のゆえに、彼は再洗礼派としても活動し、南ドイツにおけるこの派の代表に数えられた。

彼はルターの信仰義認論が「幻想」つまり「人為的な構造」をもっており、聖書やサクラメントの概念が新しく生まれた信仰を窒息させていると確信するようになった。こうして信仰が現実には倫理的に無力となっていることに失望し、彼は人間の内に働く聖霊を強調し、内的な宗教を説くに至った。彼が書いた「ニュールンベルク市参事会に宛てた信仰告白文」（一五二五年）は、ミュンツァーとの関係を問うた市の参事会からの嫌疑に対して答えたもので、そこには彼の洗礼観がよく示されている。これは彼が再洗礼派に加わる以前のものであり、聖書論、洗礼論、聖餐論の三部構成となっている。それもきわめて穏健な思想的表現で書かれており、全体としてみると福音主義的な立場を表明しているが、それでも随所に神秘主義の特徴をよく示す内面性や霊の働きが説かれる。たとえば「外面的な洗礼は救いにとって必然的ではありません[*10]」とか、「聖書もそれが人間の手で書かれ、人間の口で語られ、人間の目で見られ、人間の耳で聞かれるからには、暗闇をまったく除き去ることはできません[*11]」といった断定的な表現には彼の霊的な宗教の立場が明瞭に示される。そこには同時に信仰自体は人間の心の底から生じるものであるという自由な主体的な契機も息づいており、「神が信仰によってわたしに啓示される前に、わたしは信仰をもたなければなりません[*12]」と語られる。ここから幼児洗礼の否定にまで進む可能性が秘められてはいても、ここでは単に外的な「水」の洗礼ではなく、キリストとの清い良心にもとづく契約という内面的な洗礼だけが人を救うと説かれる。そこでは「霊の洗礼」とか「良心に基づく契約」とか人格的な霊性の立場が付け加わっている。さらに「根底」の概念も多く使われており、タウラーの神秘主義の影響が認められる。たとえば「わたしは自分の不信仰がキリストの御前では立ちえないことを知っています。そこでわたしはこう言います。わたしが心の根底から畏れかしこむ全能の神の御名において、〈主よ、信じます。わたしの不信仰をお助けください〉(マコ九・二四)と[*13]」とある。

次にわたしたちはデンクがルターを批判した論文「神は悪の原因であるか」(一五二六年)を取り上げてみよう[*14]。この論文はルターの奴隷意志の学説に対する批判を秘めて書かれており、神秘主義的な概念、たとえば我執・放棄・突破・神との合一・キリストの模倣・神化・魂の根底などが用いられ、さらにミュンツァーに由来する概念として「内的な言葉」や「苦い十字架の甘美さ」さらに「選ばれた者」などが散見される。とはいえ彼はわたしたちの内なる救済はわたしたちから来ているのではなく、それは神の普遍的な真理として歴史的に経験された「キリストの真理」において認められねばならないと主張する。[*15]このように彼は伝統的なキリスト教の枠に、後述するフランクのような他の神秘主義者たちよりも、遥かに近づいている。

この書の冒頭において、デンクはルター派を批判して、福音を余すところなく研究したと考えている兄弟たちがいて、この人たちの言うところに然りと言わない人はだれでも異端であるとみなされ、それに抵抗して自分の信仰について弁明しようとすると、わたしたちが人々を不和と暴動に巻き込もうとしているとみなされると言う。ところがルターの信仰義認論には大きな欠点があって、悪の存在のみならずその原因も正しく把握していない。そのため悪の原因の理解においても一面的になり、信仰の対象であるキリストも単に外的に歴史的に捉えられているにすぎず、内的な言葉の理解が全く欠如している、と彼は批判する。ところで彼の神秘主義の特質は、ミュンツァーと同様に、外的な被造物に囚われた「我執」から神秘主義的な「放棄」や「突破」によって脱却し、内的な言葉に向かって方向転換する点にある。もちろん彼が説く内的世界というのは単なる精神の世界ではなく、宗教的な内面的世界である。それゆえ「救済はわたしたちの内にあるが、わたしたちから由来しない。それは神があらゆる被造物の内にあっても、それだからといって被造物から存在するのではなく、むしろ被造物が神から存在するのと同じである」[*16]と言われ、また「神があなたの内に存在するだけでは十分ではなく、あなたも神のうちにあらねばならない」[*17]とも言われる。それに対してルター派は「上からのキリスト」を求めず、外的で歴史的な「肉における」姿のみを追求する、と批判される。こうした内的宗教の世界に入るためには、「突破」によらなければならないが、それによって根源に帰還した者は「絶対的な自由意志」をもつことができる。すなわち「もし人が被造的なものを既に取り除いているならば、多くの人に起こっているように、神は始源において授けたような絶対的な自由意志を人に授ける」[*18]。この状態に人間は自分の力では帰還できないので、御言葉が救済の手段として永遠から定められた。「この御言葉の中には神のあわれみと義が隠されている。そして〔人間にとって〕不可能であった働きが神の全能によって、また御言葉によって、再び可能となった。……それは御言葉が人々のうちにあって父なる神と合一させようと努めているからである」[*19]。この御言葉は「内的な言葉」であって、人間の内にあって神との神秘的な合一を授け、人間を神化させると考えられた。

御言葉は選ばれた人たちに起こっているように、人類を神化するために人類のうちに存在していたのである。……ところが人々が霊においても肉においても、内的にも外的にも、背後においても前面においても、またあらゆる場所で証言するために、御言葉はイエスにおいて人とならなければならなかった[*20]。

このような「内的な言葉」の強調は神との内面的で密接な人格関係に人を導くがゆえに、キリストを心を空にして受容させ、さらに神秘的にキリストと一体とさせる。そこから彼を模倣する、倫理的な実践が積極的に押し進められる。だが、このことは同時にルター派の倫理的無力に対する批判ともなっている。

この再洗礼派という一六世紀の分派的な運動は多くの枝をもつ菩提樹のように、漠然としながらも、全体としては統一体を形成しており、幼児洗礼に反対し、成人の洗礼を神と人との契約の目に見える印として主張した。その他の再洗礼派の思想的な特徴として挙げられるものは、人によって相違があるが、次の三つの主張に要約することができよう。

㈠福音を実践的に捉え直し、それを新しい愛の律法として文字どおりに守り、聖徒と呼ばれる権利をもつ人たちのすべてによって遵守すべきことが力説された。

㈡信徒の交わりとしての教会を人格的な契約に立つ共同体として形成すべく努め、真の教会は聖徒の交わりとして目に見える教会であり、その印である成人の洗礼でもって契約することに始まり、使徒的な教会にもとづいて厳格に教会を形成し、厳しい訓練の下に純粋にそれが維持されるべきことが説かれた。

㈢宗教改革の教会から異端視され、迫害を受けるに及んで、福音の最大の戒めは愛であり、何人をも迫害する権威を福音は政治家に与えていないから、政治家は信仰と教義のゆえに人々を迫害する権利をもっていない。*21

ハンス・デンクはこの派の運動と関係しており、南ドイツにおける指導者の一人であったが、混沌としていた再洗礼派の運動に対し神秘主義の「内的な宗教」を導入することによって形を与えようとした。そのさい彼は魂の内的な本性にもとづいた宗教、したがって書かれた言葉によって示される「新しい律法」よりも「内的な言葉」によって導かれる宗教に人々を導こうとした。それゆえ彼は広い意味でこの派に属してはいても、伝統的なドイツ神秘主義の影響の下に新しい人文主義的な人間観に立ったキリスト教を説いていたといえよう。ここに潜んでいるエラスムスの思想が顕在化するのはフランクにおいてである。

(3) フランクと内的宗教

セバスティアン・フランク(Sebastian Franck, 1499–ca. 1543)は一五二五年にルター派に改宗し、ニュールンベルクの牧師となったが、神秘主義的な霊性主義者であるデンクやシュベンクフェルトと親しく交わり、彼らによって大きな影響を受け、「神の御霊による内的な照明」で十分であるから、外的な教会を決して設立すべきではないと説き、ルター派、ツヴィングリ派、再洗礼派に対抗する第四の立場を「御霊と信仰の一致における見えない、霊的な教会」として説き、一切の教会制度や教義に反対した。彼の主要な思想は、人間の魂が神の内なる言葉を聞く能力をもっており、魂の根底には神的なエレメントがあって、これこそ人間の尊厳のしるしであり、宗教経験の真の源泉にして、魂の救済の永遠の基礎であるということである。

フランクの主要な思想は、主著『パラドクサ』において展開しており、人間の魂が神の内なる言葉を聞く能力をもっている点に集中している。そのさい「魂の根底」が問題となり、この天与の性質は「神の言葉」「神の力」「霊」「キリストの感覚」「神の活動」「神的な根源」「内的な光」「真の光」などと呼ばれる。これらはすべて「魂の根底」に据えられている。たとえば「神の言葉は人間の本性の内に据えられている」とある。*22 ここに彼がドイツ神秘主義の伝統を受け継いでいることが知られる。またここでの光は根底に宿っている「内的な光」であって、「内的な光というのは、それによって万物が創造され、すべての人が照明される神の言葉、神ご自身である」と言われる。したがって神の言葉は神と人にとって共通の根底や本質である。神は現実的なすべてのものの内在根拠であり、同時にこの神的な性質が人間の魂の根本的本性を形成する。彼は言う。

自己の内にある光と生命、つまり永遠に真の光と生命である神によって見たり聞いたりするのでないなら、だれも自己自身を見たり知ることはできない。それゆえ自己自身の外で、自己の根底において自己自身を知る領域の外では、だれも神を知ることさえできない。……自己自身のうちに神を見いだし、神のうちに自己自身を見いださねばならない。[*23]

この点で同じく霊性主義者であったシュヴェンクフェルトとの相違が際立ってくる。シュヴェンクフェルトは内在的な善性を全く失った悲惨な人間から出発し、突然の超自然的な出来事によって神の力が外から介入してきて、魂を生かすと説いた。これはルターの思想を受け継ぐ考えである。ところがフランクは魂が最高の価値ある「真珠」であって、魂における神自身である「神の像」を決して喪失していないと考える。したがって人間は存在の最内奥である「魂の根底」において永遠的にして霊的な実体的な本質をもっている。この像は心の内に深く隠されている。彼は神の像について次のように説く。

そういうわけで、人間は神の像として創造され、キリストにおいて完成される。つまり、神は自己の知恵の本性、本質の型、火口《ほくち》、痕跡、光、像を人間の心の中に置いたのであり、そこにおいて神は自己を眺める。そして聖書はこの神の像を、神的な性格を神の言葉、意志、息子、子孫、手、光、生命、わたしたちの内なる真理などと名づける。だからこそわたしたちは神を受け入れることができ、またこの神の像に応じるかぎりで、いくらかの神的な本性をもっている。この光はわたしたちの心の灯明に点じられており、この宝物は地中に埋まっている。すなわち人間の魂の根底に置かれている。……わたしたちの内にこそ神の御言や神の像がある。*24

このような思想はドイツ神秘主義の「魂の根底」にもとづくものであって、これによって神秘的な思想が生活に取り入れられ、霊的な生命を高める。彼はこうした神秘思想を使ってキリスト教的な霊性を聖書にしたがって確立しようと試みたといえよう。*25

わたしたちはこのようなフランクの思想を「御言の神秘主義」もしくは「キリスト神秘主義」と呼ぶことができる。この点で彼はベルナールからジェルソンを経てルターに流れる伝統的なキリスト教神秘主義に属してはいても、そこには特別な変化が伴なわれる。彼はキリストに倣う実践的態度を重要視する。また、彼は一般の神秘主義者のようには理性を高く評価しない。エックハルトでは「理性」が「魂の根底」と同じ内実をもたされているのに、フランクは理性に対して活動領域を地上の事柄に割り当てており、永遠のことに関しては理性は不毛であると言う。この点ではルターと同じである。さらに「経験」を重んじる点でも両者は一致している。「神殿のなかに何があるかを知りたい人は、外にとどまって、それについて読んだり人の言うことを聞いたりすべきではない。それはすべて死せる事柄にすぎない。そうではなくその人は中に入っていって、自ら経験し、視察すべきである。そのとき初めてすべては生き生きとなってくる。そして聖書はこの霊において見かつ経験することを信仰と呼んでいる。こうして神を理解するようになる」[*26]。

しかし神の像が罪の現実によって失われているという認識に関しては、フランクはルターが対決し克服してきた以前の段階にとどまっている。それは自由意志の主張に明らかである。彼は言う。

人間はすべての被造物の中で、唯一この自由の中に置かれている。つまり、神は人間の側の意志なしに、あるいはそれに逆らって人間と共に働くことは望まれない。……人間には、神は自由な意志を与えたもうたのであり、人間をこの自由意志をもって引きよせ、導こうとなされ、他の被造物の場合のようにその意志は無視されない[*27]。

こういう主張はハンス・デンクのもとでも見られたものであり、ここに人文主義者エラスムスの影響が明瞭に看取される[*28]。こうした自由意志の説はプロテスタントの神学者たちからはペラギウス主義の異端であると批判されたし、後には神人共働説であるとの非難をも受けた。ところがフランク自身は、恩恵の全面的な支配と人間の完全な自由とを同時に主張したのであった。たとえば、意志は「つねに自由であって、つねに奴隷的であり、すべてをなし得るが、とても無力である」と言う。この逆説的な定式化はルターの言う「義人にして同時に罪人」と内容上同じであり、実にフランクらしいというべきである。

その思想の全体的性格から判断するとフランクの思想は「内的な宗教」として特徴づけることができる。彼をルター派の改革から離れさせたのはミュンツァーやデンクのように教会組織における政治的妥協や信仰義認論に由来する倫理的無力でも、シュベンクフェルトのように義認が聖化や神化に至らないことでもなかった。彼らと共にフランクは教条主義化し、制度化したルター派教会を批判しており、「霊」から「文字」へと移行した宗教改革に対し批判的であった点は共通していた。したがって iustitia imputativa「転嫁的な義」とか iustificatio extra「外からの義認」といった義認論でさえも外面的であり、真の宗教性を否定するように彼は感じた。だがフランクは熱狂主義者や分離派の過激な要素を何ら持ち合わせておらず、どこまでも冷静であり、人文主義者のエラスムス同様に、荒れ狂う時代のただ中にあって、あくまでも人間的であった。それでも熱狂主義者や再洗礼派に対する狂暴で流血を伴った迫害が彼自身にも及んできたために、彼はルターの敵対者の戦列に加わらざるを得なくなった。だが、それでもなおコイレが言うように「彼が宗教改革運動に求めていたのは、宗教的、道徳的生の霊化（spiritualisation）なのである」[*29]といえよう。それゆえ彼は、ルターが教育や恩恵またサクラメントを独占できる「目に見える教会」という考えを放棄する意図がないのを知ると、エラスムスの精神にしたがって外面的な宗教制度が無価値であるという確信からルターを離れていった。ここから彼の霊性主義的な神秘主義という立場が鮮明になってくる。

だが、彼は純粋な神秘主義者ではなく、むしろ霊的な「内的な宗教」を追求したといえよう。しかも彼は教会が人格共同体であって、神秘的な霊の交わりに他ならないと見なす。フランクの神秘主義はこのような霊の交わりに根を降ろしており、神秘主義の内面性と歴史的な洞察とが結びついているといえよう。

終わりに

このような宗教改革の歴史に起こった分裂は、その後ルターをして「純粋な教義」(doctrina purua)を主張する傾向に向かわせることになった。こうして信仰義認の教義は法定的な「無罪宣告」という宣義とみなされ、信仰の生命力を著しく弱めることになった。もちろん信仰はキリスト教の土台であり、教義を確立することによって信仰を組織的に強固にすることができるが、同時に信仰は内面においても深まり、心の深みにおいてキリストと一つになることを求める。これが霊性の働きである。ルターから分離していった改革者たちは、この点を洞察し、この霊的な内面性が彼から当時すでに失われていると厳しく批判したのであった。霊性は理性のように明瞭な認識の作用ではなく、非明示的な働きであっても、信仰を支える生命なのである。このことが宗教改革運動の分裂という悲劇によって明らかに提示されたといえよう。[*30]

注

＊1　この「分離派」とも「霊性主義者」とも呼ばれている改革者たちは「宗教改革の傍流」とか「宗教改革の

ラディカリスト」と位置付けられているが、この改革運動を積極的に解釈するようになったのはトレルチの功績であるといえよう。Ernst Troeltsch, Die Soziallehren der christlichen Kirchen und Gruppen, 1911, S. 848-940. Die Bedeutung des Protestantism für die Entstehung der modernen Welt (1906, 2Aufl. 1911):『近代世界の成立にたいするプロテスタンチズムの意義』堀孝彦訳（『トレルチ著作集8』ヨルダン社、一九八四年）。この学説に基づいてR. H. Painton, Studies in the Reformation, vol. 2, p. 199やG. H. William, The Radical Reformation, 1962の序文およびSpiritual and Anabaptist writers: Documents Illustrative of the Radical Reformation. 1957, p. 19-35に見られる次のような分類がなされるようになった。すなわち、第一のグループは再洗礼派であり、今日のメノナイト派に繋がり、第二のグループは霊性主義者たちで、今日のシュヴェンクフルダー教会に繋がっており、第三のグループは福音的合理主義者たちで、今日のユニテリアンに繋がっている。

*2 ギュンター・フランツ『ドイツ農民戦争』寺尾誠・中村賢二郎・前間良爾・田中真造訳、未来社、一九八九年、三六一頁。続く伝記的叙述はこの優れた歴史家の示唆に負っている。

*3 ギュンター・フランツ、前掲書、三六五頁。なおWalter Nigg, Heimliche Weisheit. Mystik 16-19 Jahrhunderts, 1975も同様な観点に立っている。

*4 彼の著作では「プラーハ・マニフェスト」（一五二一年一一月）「ダニエル書第二章の講解」（一五二四年）、「まやかしの信仰のあからさまな暴露」（一五二四年）、「きわめてやむをえざる弁護論」（一五二四年）が重要である。それらには「宗教改革著作集7」教文館、田中真造訳、一九八五年がある。

*5 H. Bornkamm, Äusserer und innerer Mensch bei Luther und Spiritualisten, in: Imago Dei, 1932を参照。

*6 ギュンター・フランツ、前掲書、三六六頁およびゲルツ『トーマス・ミュンツァー』田中真造・藤井潤訳、教文館、一九九五年、二四六頁参照。

*7 Luther, Eyn brieff an die Fürsten zu Sachsen von dem auffrurischen geyst, WA 15, 210-221;「ルター著作

集」第一集第五巻、渡辺茂訳、二〇〇七年、四六五―四八五頁。以下邦訳の引用頁数はカッコ内に示す。
＊8　Luther, op. cit., S. 213, 13-23.（四六九―四七〇頁）
＊9　Luther, op. cit., S. 219, 4-12.（四七九頁）
＊10　デンクの著作は Quellen zur Geschichte der Täufer, Bd. VI, 2 Teil, Hans Denck Schriften 2 Teil, Religiöse Schriften（Quellen und Forschungen zur Reformationsgeschichte Bd. XXIV, 1956）に収められている。同書 S. 24. 邦訳一二二頁。なお、邦訳は「宗教改革著作集8」出村彰訳「再洗礼派」教文館、一九九二年を参照し、それに依っているが部分的に改訳する。カッコの中は邦訳の頁を示す。
＊11　Hans Denck, op. cit., S. 21.（一一九頁）
＊12　Hans Denck, op. cit., S. 22.（一一九頁）
＊13　Hans Denck, op. cit., S. 21.（一一九頁）
＊14　この著作の原題は「神が善と悪とをなしたり造ったりすると聖書が言っているのはどういう意味か。また人が罪の言い逃れをし、罪のゆえに神を非難することは公正であるのかどうか」である。
＊15　Hans Denck, op. cit., S. 32, 34.
＊16　Hans Denck, op. cit., S. 32.
＊17　Hans Denck, op. cit., S. 32.
＊18　Hans Denck, op. cit., S. 35.
＊19　Hans Denck, op. cit., S. 38.
＊20　Hans Denck, op. cit., S. 39.
＊21　R. M. Jones, Spiritual Reformers in the 16th and 17th Centuries, p. 17-18.
＊22　Hegler, Geist und Schrift bei Sebastian Franck, 1892, S. 98 からの引用。
＊23　Sebastian Franck, Die guldin Arch, preface 3b-4a.

＊24 Sebastian Franck, Paradoxa, Eingeleitet von W. Lehmann, hrsg. von Heinrich Ziegler, 1909, sec. 102, S. 138.
＊25 Sebastian Franck, op. cit., sec. 140, S. 173を参照。
＊26 Sebastian Franck, op. cit., Vorrede, 13, S. 12.
＊27 Sebastian Franck, op. cit., sec. 266, S. 313.
＊28 なお、金子晴勇『近代自由思想の源流』創文社、一九八七年、三三七―三四九頁を参照。
＊29 コイレ『パラケルススとその周辺』鶴岡賀雄訳、白馬書房、一九八七年、六二頁。
＊30 この点に関して詳しくは本書二五九―二六〇頁を参照。

11　宗教改革は同時に文化の改革である

はじめに　ルター像の変遷と文化の改革者像

長い間ルターは「信仰の英雄」として称賛されてきた。ヴォルムスの国会で著作を取り消すように求められたとき、「わたしはここに立っている、わたしはほかにはなし得ない」（Hier stehe ich, ich kann nicht anders）と語ったと言われる。ここに人々は「信仰の英雄」の姿をこれまで捉えてきた。[*1] しかし、この言葉は伝聞であって、国会の議事録を検討すると、そこには彼の「良心」が神の言葉に拘束されていることが見いだせる。次いでルターはキリスト教の真なる教義を確立した「教義の改革者」という姿で探究された。[*2] ここでは多くの重要な意義が見いだされた。だが今日では第三の姿が求められるようになった。それは倫理や政治、歴史や文化の広汎な領域に問題を投げかけた改革者の姿であって、たとえばマックス・ヴェーバーが開拓した新しい職業観と近代社会との関係が挙げられる。このような姿は、さまざまな側面から実は考察できるのではなかろうか。わたし自身は人間学の観点から研究を続けてきたが、「キリスト教の三分法」（霊・魂・身体）がエラスムスにはじまり、ルターを経て、カルヴァンに至って確立されたのを解明してきた[*3]。そのような際立った改革者像は（1）霊の次元である「説教改革」において、（2）理性と感性の次元である「教育改革」において、（3）世俗の次元である「社会改革」の問題において、それぞれ考察することができる。そこには多くの迫害に耐えながらも時代に対して果敢に挑戦しながら大きな貢献を遂げた改革者たちの「挑戦者」としての姿が浮かび上がってくる。彼らは個人的な生き方においても、社会的な行動においても、窮地に立ったとき、時代精神と対決してでも果敢に真理を探究し、それを実践しようとした。それが改革の文化的実りとなった。

（1）説教改革――霊の次元における改革

ルターの宗教改革の最初の一歩は直接民衆に福音を告げる「説教の改革」をもって開始した。彼は当時行われていた説教について危惧の念を懐いており、その内容がキリストを蔑ろにする作り話、聖人物語や聖人伝説などの「無味乾燥な注釈」から作られていたことを嘆き、民衆のために福音の純粋な意味を説教すべきことを痛感して、ヴォルムスの国会（一五二一年）に召喚される以前から「説教のひな形」を提示する計画に着手し、ヴァルトブルク城に幽閉中もそれが継続され、一五二二年に「ヴァルトブルク・ポスティレ」（Wartburg-postille）とか「教会暦ポスティレ」（Kirchenpostille）と呼ばれる『標準説教集』が出版された。なお「ポスティレ」というのは「聖句の後で」の意味で聖書の出典を挙げてそれについて説教することを言う。

この説教集はルター自身によって「最良の書」と言われているが、その特質をここでは説教自身の内容から捉えるように試みてみよう。まず「マンスフェルト伯への献辞」と「福音に何を求め、期待すべきかについての小論」を採りあげる。

⑴ 説教の基本姿勢

ルターは「献辞」の中で「福音とは、神のもっとも小さい子と神の子のへりくだる物語以外のなにものでもない」と言う。「神のもっとも小さい子」とはキリストを指す。この書ではもっとも小さい者やもっとも若い者が絶えず考慮されているばかりか、当のマンスフェルト伯のような身分の高い人にも「福音により神の前で己の不評と卑賤さを想起することが必要ですし、他のだれよりもこのことを認識しなければなりませんし、認識する必要があるからです」と言う。[*4] さらに政治的現実の悲惨さに言及し、キリスト者の受けている迫害がルターに及んでいることを指摘する。「ですから、閣下にすべてを逆転させ、逆の方向に向かわせる、福音について、再考をお願いしたく存じます。彼らが不名誉と呼ぶものが名誉ですし、名誉と呼ぶものが不名誉なのです」。[*5]

次に「小論」では福音の本質的な要点が簡潔に明示される。「福音は神およびダビデの子、死んで、甦り、主となったキリストについての物語、つまり、これが福音の要約の主眼点である」と。[*6] またこの福音が正しく認識されるためには、その中心的な教理として「キリストの賜物と模範」について正しく学ばなければならない。[*7] そこから次のような結論が導き出される。

㈠福音は律法の書ではない。「それゆえ福音書は、本来、わたしたちからわたしたちの行為を要求する、律法や命令の書ではなく、神の約束の書である」。

㈡福音の説教とはわたしたちをキリストの許に連れて行くことである。「なぜなら福音を説教することは、キリストがわたしたちのもとに現れて、わたしたちをご自分のもとに連れて行くことにほかならないから」[*8]。

㈢恩恵の言葉を聞いて信じることが求められ、次のような「喜ばしい交換」が成立する。「キリストがあなたに恩恵を施し、お助けになるのを信じるならば、キリストはあなたのものになり、賜物としてあなたに贈られることは確実である」[*9]。

㈣福音は生きた「語られた言葉」であって、死んだ書物ではない。「福音は本来書物でなく、口頭によって語られた言葉でなければならない」。それゆえ「福音は良い知らせ、良いお告げと名付けられ、口でもって表明された」[*10]。

㈤福音は耳から心に入って、信仰によって心中に住み込まねばならない。そのためには自分の無力を認識し、告白し、自己自身に完全に絶望する心が必要である。

(2) 福音書の説教はどのように行われたか

「クリスマス深夜礼拝の福音書」という説教ではルカ福音書二章一―一四節について語り、この箇所が史実としていかに明瞭であるかを述べてから、字義的に解釈しはじめる。そして大切なことはこの記事を、したがって福音を心中深く刻み込むことであると説き、「わたしたちがキリストを被造物と肉の中へ深く連れ込めば連れ込むほど、キリストはますますわたしたちにとって慰めになる」[*11]と言う。また信仰とはキリストが「あなたがたのために」受難したことを信じることであると説かれる。そのさい字義的な解釈が初め行われ、次いで歴史的な信仰と主体的な信仰とが区別され、後者だけが力説される。さらにキリストとの合一の意味が「菓子」の比喩を使って分かりやすく説明される。

信仰によってキリストがわたしたちのものになり、愛によってわたしたちはキリストのものとなる。キリストは愛し、わたしたちは信じ、これによってわたしたちはキリストと一つの菓子となる[*12]（da wirt eyn kuch aufz）。

同時期の説教でもルターは「キリスト教的な人間はキリストと共に同じ力をもち、一つの焼き菓子であり、全生活において彼と共に居住する」とか「キリストと共に一つの焼き菓子となる」と言う[*13]。この種の表現は信仰による一致を言い表わすものであり、「あなたがたは今やキリストと一つであり、まったく一つの焼き菓子である[*14]」と説明される。この場合、「一つの焼き菓子」という表現は民衆にとって「神秘的合一」を表わす優れた表現であって、それはきわめて分かりやすい比喩となっている。終わりに彼は信仰と愛という二点だけを強調する。彼によると「信仰と愛」は「第二の神秘、あるいは〈神秘な教え〉」であって教会ではこれが福音として説教されるべきであると説かれる[*15]。この信仰と愛は『キリスト者の自由』で明瞭に説かれたように、内的と外的に分けて論じられる。しかも語り口はいっそう平易であって、キリスト者は「神に対しては内的にわたしたちの良心における信仰によって、人間に対しては外的にこの世の生活において愛によって平和を造りだす。こうして彼によって地上の至るところに平和が生まれる」[16]と語られる。なお「神の前に立つ心」として「喜ばしい良心」がキリスト教的な霊性として強調される。この喜ばしい良心が授けられるためにはまず「喜びの説教」を聞かねばならず、御言葉の聴聞がわたしたちに喜びを与え、その結果、喜ばしい良心が誕生する。この御言葉を聞く受動的な心こそ信仰心を意味する。

(3) パウロ書簡の説教はどのように行われたか

次にパウロ書簡による説教の仕方が説明される。とりわけガラテヤ書四章一—七節の第七説教が重要である。ルターはこの説教の冒頭の部分でパウロの神学思想を詳しく叙述する。これは改革がはじまったばかりの時点では彼の思想が十分に人々によって理解されていなかったからであろう。パウロの神学の主題として「信仰義認」と「善い行い」の相違点を挙げ、この対立を「アベルとカイン」の対比によって説明する。アベルと対比されるのがカインであるにしても、ルターはカインのような行いの人を親しみを込めながらも、理性という自然本性だけで自己満足に陥っている態度を擬人化した「フルダおばさん」と呼び、このような自分の誤りを認めない人を「ユンカー（田舎紳士）のカイン」とか「カインのような聖者」とか、「カイン派」とも呼ぶ。こうした分かりやすい対比によってガラテヤ書第四章に展開する「奴隷と子供」との関係を説き明かす。この説教で注目すべき点をあげてみよう。

㈠奴隷と子供の区別は心情・良心・根性から来る。
㈡カイロスの二義、つまりキリストの身体的な来臨と信仰による霊的な来臨。

㈢霊的自由は信仰から自ずと生まれる。

㈣「子供」または「子たる身分」というのは「自発的な霊」を意味する。

この霊は「律法からの解放」として信仰者に授けられる。そこには大きな変化が起こっていて、意志が不承不承に律法の支配下にあることと自発的に律法を行うこととの相違が生じる。ルターはこれを要約して「あなたが喜んで行うことと、あなたが自然本性的に行うこととは、全く異なるのである」と言う。この霊的な喜びの状態をルターは「飛び跳ねる」運動によって提示する。これこそ信仰がもたらす「小躍りする」運動、『マグニフィカト』の中で繰り返された、ルター特有の言葉で表せば、「欣喜雀躍」の運動である。

このような「標準説教集」は信仰心としての霊性を一般民衆に対し育成する上にきわめて重要な役割を果たした。この種の説教集はその他にも多く書かれ、キリスト教文化の形成に大きな役割を果たした。

（2）教育改革——理性と感性の次元における改革

次に人間の理性や感性の次元における改革を教育において考察してみよう。先に述べたドイツ語の「挑戦」という言葉はHerausforderungであって、それは「出て来い」という意味である。しかし、さらに語義を追求すると「そこから何かを求める」という意味があって、何かを相手から引きだすことを含意している。そうすると「他者から何かを引きだす」という「教育」（Erziehung）と重なってくる。ルターが挑戦した教育改革の歩みは主として三つの領域にわたっていた。それは当時の社会における教育問題に関わっていた。

㈠大学改革　「九五箇条の提題」を発表した年の一五一七年に一三世紀以来教育界を支配してきたアリストテレスによる教養教育をアウグスティヌスの『霊と文字』に変更することからはじめ、大学改革が断行された。

㈡少年教育　これは義務教育制度の確立をめざしたものであって、ドイツの各地で実現を見た。彼は修道院の空洞化から生じた少年教育の衰退を憂い、新たに女子の教育を含めた「キリスト教的学校」の設立を提案し、その実現に努めた。

㈢宗教教育　彼は大小教理問答書を作成し、宗教教育の模範を提示した。地方の教会を巡察して、その惨憺たる状況を知り、これを是正すべく家庭教育と教会教育を促進するために教理問答書を出版した。[*17]

このような教育改革はどのような基本姿勢をもって実行されたのであろうか。

(1)　教育の基本姿勢

ルターのなかには近代教育学がめざしているような人間の理想像をあらかじめ設定しておいて、その上で人間をそこへ向けて教化し育成するというような視点はない。[*18]人文主義の精神は、「人間の尊厳」に立つかぎり道徳的人格性に立脚せざるを得ない。この種の高い理想は少数の知的エリートにのみ可能であって、ルターがとらえている人間の現実から遊離しており、観念的な幻想に陥りやすい。

もちろん彼は人文主義の教育がいかに人間としての教養を育成するのに重要であるかを熟知しており、これを教育過程に積極的に採用していったが、同時にその限界をも熟知していた。そこから彼の教育の基本理念、もしくは基本姿勢が説かれるようになった。

彼の教育の基本姿勢というのは「神への奉仕に向かう教育」(Erziehung zu Gottes Dienst) として表明された。[*19] この「神への奉仕」とは何であろうか。『教会暦による説教集』(一五二二年) でルターはそれを次のように説明する。

だから神への奉仕は次の点において成立している。あなたは神を知り、敬い、心を尽して愛し、あなたの信頼と確信のすべてを神におき、神のいつくしみを決して疑わないことである。それは生きるときも死に直面するときも、罪に陥るときも幸福なときにも、第一戒が教えているように、なされなければならない。わたしたちがここに達するのは、ただキリストの先立つ奉仕と血潮によってのみ可能であって、わたしたちがキリストの言葉を聞いて信じるとき、キリストはそのような心をわたしたちに得させ、かつ、授けたもう。[*20]

またルターは「人々は子どもたちを学校へやるべきであるという説教」という論文で「神への奉仕」を教育の目的として規定し、霊的な職務も現世的な職務もすべてこの唯一の目的のためにあると説く。彼は次のように教育の目的を語る。

神は子供を与え、これに糧を与えたもうが、それは、あなただけが彼らを好きなように扱い、この世の華美に向けて教育するためではない。あなたが彼らを神への奉仕（礼拝）へ向けて教育することが、真剣にあなたに命じられているのであって、さもないと、子供やすべてのものと共にあなたは全く根こそぎにされて、あなたが彼らにかけているものは、ことごとく罪に定められてしまうであろう。[*21]

ここにあげた二つの引用文で分かるように「神への奉仕」（Gottesdienst）はまず字義どおり「礼拝」を意味し、霊的な職務によって守られている。そこでルターはこの論文で「霊的な、もしくは永遠的な益と害」を問題にしてから「一時的な、もしくは現世的な益と害」とに移ってゆく。キリストがその血と死とをもって人々を救い永遠の生命を与えたことを全世界に「神の言葉をもって説教し、洗礼をほどこし、解き、つなぎ、聖礼典を執行し、慰め、警告し、訓戒する務め」が霊的職務であり、この働きのゆえに、この世も滅びないで存続している。

ルターにとって教育の中心課題は「子供たちを治め導くこと」（die Kinder regieren）に求められている。「治め導く」（レギーレン）とは「支配する」と考えられやすい。しかし、そこには子供を勝手に支配することは許されず、自分の意志に従うのではなく、あくまでも神の意志に従って育て、神への奉仕が同時に「礼拝」となるように、つまり、ひとりひとりの子供が神との人格的関係に入るように導くことが課題として立てられた。この仕事は家庭の両親と学校の教師にゆだねられ、子供たちが各々に与えられた才能にふさわしい使命にかなった行動ができるように、そして究極においては「神への奉仕」に向かうように導くことを目的とする。その目的を実現するためには家庭教育の「しつけ」だけでは限界があるので、少年教育は家庭教育と学校教育とに分けて論じられた。

(2)「治め導く」(レギーレン)と霊的人間の育成

「神への奉仕」としての「礼拝」は神と霊との義しい間柄を指し示している。神が語り人が聞くという神と人との信仰の関係こそ人と人との倫理的関係の基礎である。人間は神との間柄を信仰によって生き、他者なる隣人との間柄を愛によって生きる。そのさいもっとも大切なことは人間が自分のために生きる自己中心的な生き方を罪として告発し、霊的な人間とならなければならないことである。自己中心に生きることは主体的な生き方であり、ルターもこれに従って自己を確立しようとした。しかし、この主体性はいつの間にか自己主張欲という原罪に転落することを彼は知り、信仰によって神との間柄を生きる自己、つまり霊的人間を育成するようになった。彼の教育はこの霊的人間の育成に向かった。

わたしたちは今日、理性と感性の育成のみに専念し、霊性や信仰を欠いた人間をめざす才能と技能の教育に転落している。それは「心」や「良心」のない教育と同じである。なぜならルターは霊的人間を語るとき、好んで「良心」とか「心」とかいう言葉を用いているからである。それゆえ理性と感性が人間の能力のすべてではない。この両者を正しく統制し、指導する働きが人間のうちには与えられている。この隠された働きこそ霊性であって「神の言葉を聞いて信じる作用」なのである。教育はこれを「レギーレン」することである。この霊性の働きをルターは「神の前に立つ良心」として捉えた。ここに彼の教育思想の最深の意義が見いだされる。

(3) 人間の可能性を超える神の教育

人間は自力で解決できないさまざまな艱難や試練に直面する。そこで神が授けたもう可能性、つまり聖霊のわざによる神的可能性を信仰によって捉えることが問題となる。そのさい聖霊は神の言葉を内的にわたしたちに教え、神にわたしたちを向け変える力なのである。[*22] この経験によって教えられるのは神の認識であるが、この認識は単なる知的教育からではなく、試練を通して神が無から有を造りたもう創造主であることを知る体験である。だから神が全く無に等しい者たちを顧み助けることが経験されるとき、そこに聖霊がいて、「神が真正の創造者であることを示し、この経験の中で豊かな知識と歓喜とを教える」。[*23]

それゆえ聖霊の授ける教育とは神が創造主なる御霊として活動し、さまざまな試練に見舞われて、苦しんでいる人たちを新しく創造することである。各人各様の試練が与えられているが、問題は襲いかかってくる試練によって何を各人は学ぶのかということである。つまり人生の苦難をどのように受けとめるかが、教育の最大問題であり、これを各人は学ばねばならない。だから彼は「苦難」を「喜ばしい受動的経験」(ein fröhliche leyden) と呼ぶ。この経験の中では人間の側の無なる様・卑賤・微小・無功績・無価値と神の側の栄誉・尊貴・偉大・慈愛・恩恵とが一つに落ち合い、無から有を創造する神のわざが生じる。

(4) 間柄的「義」の発見

このようなルターによる教育の新しい認識はどのような成果を教育にもたらしたのであろうか。それは「義」の新しい発見であった。一般に哲学的な正義は合法的な配分の義にもとづいている。[*24] ここから道徳主義とか功績主義といわれている生き方も生まれてくるが、ルターはこの道を歩んで行きながらも、それとは全く異質な「義」の理解に達した。彼は道徳主義的な義と福音的主義的な義との相違を知り、罪人を罪人のままで義人と宣告する神の義認が与えられるという理解に達した。これが「信仰による義」の教えの中心思想である。

こうして「義」は人間の義しい性質や状態また成果を言うのではなく、神との間柄をいい表わす。神と人、人と人との「間柄」という人格間の関係存在においては、たとえ人の性質、状態、成果において何ら見るべきものがなくても、それでも義を関係の義として捉えることは、人間についての新しい視点を提供し、教育の新次元を拓くものであった。

(5) 教育の創造主体は神である

子どもの就学について述べた論文の終わりのところでルターはその教育思想を展開する。それは神が教育を創造する主体であるという主張である。つまり神が無から万物を創造したように、神学者も法律家もその他有益な職務についている人たちは、すべて学校で教育を受けて神の手によって育てられた。彼はこの点について次のように主張する。「わたしのこのおしゃべりをいちど終らせるために、わたしたちは神がすばらしい主であられることを知るべきである。神のみ手のわざは、無からすべてのものをお造りになるのと全く同様に、乞食をも君侯にしてしまうようなものである」[*25]。それゆえ法律家、博士、顧問官、書記官、説教者はたいていかつては貧しい生徒だったが、教育によって現在の地位を得て、主人となり統治のわざに携わっている。教皇もかつて生徒だったのであるから、一片のパンのために家々の戸口で歌をうたう子供たちの中にも将来の君侯がおられる。だから子供たちを見くだしたりしてはいけない、と彼は戒めてから、自分自身のことを回想して次のように述べている。

わたしもそのような生徒のひとりで、家々の前でパンをもらったものだ。とりわけ、わたしの好きな町アイゼナハでそうしたものだった。もっとも、後になっては、わたしの父が愛と誠実のありったけをこめてわたしをエルフルト大学にやり、辛い汗と労苦とによってわたしを助けて、わたしが今日あるにまで至らせてくれたのである。……ペンによってここまでやってきたので、今ではトルコ皇帝と取り替って、わたしの知識を捨てて、彼の財産をもらおうなどとは全く思わない。わたしが学校に行かず、物を書く仕事につかなかったならば、ここまで至らなかったことは、疑いもないところである。[*26]

このように述べてからルターは子供たちを学校に送るように勧告している。そこには神が創造主として子供たちを育成しているとの信仰が次のように表明されている。「それだから、あなたの息子を安心して学ばせるがよい。たとえ彼がしばらくの間はパンを乞うて歩かねばならなくても、あなたはわたしたちの主なる神にすはらしい木片を差し出して、神があなたのためにそこからすばらしい主君を彫り出してくださることができるようにするのである」[*27]。このような教育は現実には教会における霊的統治と国家における現世的統治とに職務を分けて実行された。教育はこの職務に向けて子供たちを育成することであったが、育成する主体は教師を道具として働く神のわざであることが最後に明白に語られる。したがって彼は教育を万能とは考えていない。教育の可能性は実は人間の手中にはなく、創造主なる神の全能のなかに教育の最後の拠り所がある。

ルターによると教育とは神の不思議なわざである。人間自身は単なる素材であり、神が人間に働きかけて、神の像を造りだすそのわざに参加すること、つまり神の創造行為に参加することこそ教育の真の使命なのである。そこで彼は自分の説教の務めを離れることがゆるされるとしたら、校長か少年学校の教師以外の職務にはつきたくないと語っている。

若木ならば、たとえだれかがそこに割り込んできたとしても、よりよく曲げたり、教育したりすることができる。他人の子供を誠実に教育することは、地上における最高の徳の一つであるとしなさい。このことを、自分の子供にだって、ほとんど、あるいは全く、だれもしないのだからである[*28]。

この教育者に対する奨励と激励のことばを見ても分かるように、彼がどれほど少年教育に期待をかけていたかは明らかである。パウロは「わたしは植え、アポロは水を注いだ。しかし、成長させてくださったのは神です」（一コリ三・六）と語っている。これによっても神が教育の創造主体であり、その任に当たる教師は「神の同労者」（cooperator, Mitarbeiter）であることが明らかである。

このことはとくに今日、時代が要請していることではなかろうか。というのも経済的な発展の後、日本社会が今日次第に衰退しはじめ、文化的にはすでに廃退し、道徳的には荒廃しているが、その打開の道が教育に求められ、その改革の道が模索されているからである。

（3）社会改革――世俗化の肯定的意味と否定的意味

このような宗教改革によって生じた変化は実に社会生活においても起こってきた。だが宗教改革はそのような変化を社会に興していても、近代社会を生み出す直接の原因となったのではない。この点を明らかにするために、次に「世俗化」の二重の意味、つまり肯定的意味と否定的な意味を考えてみたい。

⑴ 世俗化の意味

「世俗化」（Secularization）という言葉は、語源的にはラテン語の「世代」（saeculum）に由来する。中世では在野の聖職者たちは「世俗に住む」と言われており、修道院に住んでいた聖職者と区別されていた。また後に宗教改革時代になってから修道院などの教会の財産を国家が民間に譲渡したとき、世俗化という言葉が用いられた。したがって教会財の「払い下げ」や反対に教会から見るとその財産の「没収」といった意味で使われてきた。元来、世俗化とは神聖なものが世俗のために用いられる現象であり、たとえば修道院の建物は以前と変わらず、僧房、食堂、礼拝堂の形を残していながら、美術館や学問研究所として使用されたり、時には何らかの政党の事務所として用いられるような場合をいう。それは宗教が外形的には宗教的構造を保ちながらも非宗教的な目的に用いられている現象である。またこうした世俗化のプロセスを辿って近代科学、政治革命、職業倫理なども発展してきたといえよう。[*29]

そのさい、わたしたちが予め知っておかなければならないのは、世俗化がルター自身の信仰によって積極的に推進されたという歴史的な事実である。彼によると人は救済のために超世俗的功徳を積む必要はない。だから修道院に入って善行をなす必要はなく、世俗の中にあって敬虔に生き、与えられた職業を神の召命つまり天職とみなし、これに励むことによって神に喜ばれるものとならなければならない。したがって世俗化はゴーガルテンが『近代の宿命と希望』で語っているように「キリスト教信仰の合法的結果」にほかならない。[*30] ところが世俗化にはもう一つの局面があって、歴史の過程において「世俗化」が変質し、「世俗主義」に転落した点が重要である。ここでいう「変質」とは歴史的な風化作用であって、同様に「自由」が「恣意」（好き勝手）に、「個人主義」が「個我主義」（エゴイズム）に、「勤勉」が点取り虫の「貪欲」となるように、労働を支えていた「宗教的な精神」が内実を失って「亡霊」に変質していることをいう。このように「世俗化」は、当初、世俗の中で信仰が活動することによって起こった。そこには世俗化の肯定的意味があった。しかし世俗化が過度に進むと、人間が信仰を喪失して俗物化し、拝金主義や仕事へのファナティシズム、また快楽主義がはびこって、

「世俗主義」にまで変質する。このようにして世俗化はキリスト教信仰から生まれた「子ども」であったのに、歴史のプロセスの中で今や産みの親とは全く異質な「鬼子」にまで変質し、親であるキリスト教に公然と反抗するものとなってしまった。

(2) 世俗化理解の問題点

このような世俗化の理解にも問題点が潜んでいる。たとえばゴーガルテンは世俗の支配と霊的支配との宗教改革的な区分、つまりルター的な二王国説に近代文化の世俗化の起源を捉えている。この見解も真理契機を含んでおり、その宗教改革の見方は、近代において生じた世俗化した文化世界の正当性を明らかにすることに役立っており、とりわけ国家の宗教的な制約からの解放の正当性を認めることに貢献した。だが、それでも宗教改革がその直接的な原因なのではない。

また、マックス・ヴェーバーの有名な著作『プロテスタンティズムの倫理と資本主義の精神』はカルヴィニズムの倫理に資本主義の起源をとらえているが、それも現代の世俗化した世界の単なる精神史的な由来に限定された考察である。確かにヴェーバーはカルヴィニズムと資本主義との関係によって、資本主義の由来を全体的に明らかにできると考えたわけではない。だが、その重要な要因の一つを示すことができると考えたのであった。パネンベルクはヴェーバーを批判して、「職業倫理や禁欲的な生活態度というようなカルヴィニズム的な徳が、経済的な成功の重要な要因となり得たということから、カルヴィニズムの倫理の世俗化が純粋に現世的な成功のための努力によるものだと理解されるべきではない」[*31]と主張し、カルヴィニズムの倫理的生活態度はキリスト教的な救済という霊的な目的にではなく、純粋に現世的な目的に仕えていたことが明らかにされなければならないと考える。しかしこの点はカルヴィニズムの信仰から明らかにされるべき事柄ではない。

(3) 宗教改革と近代世界との関係

このように一六世紀ヨーロッパの宗教改革と近代の世俗世界の成立との関連についてゴーガルテンとヴェーバーは両者の密接な関係を認めている。しかしパネンベルクは、宗教改革が現代の世俗化した世界を直接成立させたのではなく、「宗教改革が現代の世俗化した文化世界の発生のための出発点を作り出したというのは、それが宗教改革の意図せざる教会史的、政治的、世界史的な結果であった」[*32]と説いている。この点でパネンベルクはトレルチの学説にしたがっている。それは彼の「宗教改革と近代」という論文に明瞭に説かれている。そのさい、もっとも重要なことは近代世界と宗教改革との間に連続と非連続との両方があるという点である。

トレルチは宗教改革と近代とを直接結びつけることをしなかった。彼は宗教改革時代のプロテスタンティズムを古プロテスタンティズムと呼び、近代のそれを新プロテスタンティズムとして区別する。彼は宗教改革それ自体はなお中世に属するものとし、近代は確かに宗教改革との関連を保ってはいるが、その厳密な意味での出発点は、宗教改革がもつような中世的な構造が崩壊した後、いわゆる新プロテスタンティズムによって開始されたと考えた。つまり彼は近代世界は一六世紀の宗教改革によって成立するというよりは、むしろ一八世紀の啓蒙主義と関連していると考えたのである。トレルチによれば「近代世界は古い宗教的な束縛の破壊という仕事を徹底的な仕方でなしたが、真に新しい力を生み出すことはなかった」[*33]。したがって近代世界にはキリスト教的な古代や中世のような偉大な統一性をもった文化総合が生まれていない、と言う。

このように宗教改革から近代世界が直接生じたのではなく、そこにある両者を分かつ「深い裂け目」を今日では「絶対主義と教派主義の破壊」に求められている。このような両世界の分裂は一七世紀に開始され、クロムウェルのイギリス革命や一八世紀のアメリカとフランスの革命に続く一連の革命によってヨーロッパの国民に広がった。だから「言葉の厳密な意味での近代は、一七世紀の教派戦争によって始まったのであり、それは宗教改革によってでも、もちろんルネサンスによるようなものでもない」[*34]と考えられた。したがってトレルチとパネンベルクの両者はルターの宗教改革を古プロテスタンティズムとみなし、近代世界によって生じた「断絶」によって新プロテスタンティズムと近代世界とを結びつける点で一致している。ところがパネンベルクが近代世界とプロテスタンティズムとの関係を指摘する際に注目したのは、トレルチとは違って「教会分裂と三〇年戦争」の終わりの時期に断絶を捉えている点である。彼はプリンストンの歴史学者、セオドァ・K・ラブの議論にもとづいて次のように述べている。「一七世紀後半、教派戦争の終わりの段階で、とりわけドイツにおける三〇年戦争の時代に、全ヨーロッパ史の進展における深い溝が生じた」。この深い溝は一〇〇年以上も続いた宗教戦争であって、それによって一七世紀後半において啓蒙主義が開始され、それ以前の宗教改革の時代とが切り裂かれた[*35]。

この点をいっそう明らかにするためにルターの信仰に発する職業観の変化を次に章を改めて考察してみたい。

注

＊1　それは内村鑑三の『ルーテル伝講演集』によって代表されるルター像である。
＊2　たとえば佐藤繁彦の『ローマ書講解に現れたルッターの根本思想』がこれを代表する。それに対しわたし自身は人間学的研究を試みてきた。
＊3　本書第五章を参照。
＊4　『ルター教会暦説教集』植田兼義・金子晴勇訳、教文館、二〇一一年、一一頁。
＊5　ルター、前掲訳書、一二頁。ルター自身が名誉毀損を受けているので、名誉は実際には不名誉なのであると皮肉られ、福音は現世と正反対の位置に置かれる。
＊6　ルター、前掲訳書、一五頁。
＊7　このエートスが社会倫理の源泉となり、近代社会を創造していく力となった。ルターには倫理がないという当時から今日に至るまで非難・中傷され続けてきた主張の誤りがここに明示される。
＊8　ルター、前掲訳書、一八頁。それゆえ福音は出来事の性格を担っている。
＊9　ルター、前掲訳書、一八頁。「喜ばしい交換」について本書一三六―一三八頁参照。
＊10　ルター、前掲訳書、二〇頁。後年、ルター派の牧師ヴァイゲルは同じことを「人間と書物」において捉え、「人間が書物に先行し、書物は人間に由来する」と説いた。
＊11　ルター、前掲訳書、六〇頁。
＊12　ルター、前掲訳書、六六頁。
＊13　Luther, WA 10 III, 145, 10; WA 12, 486, 1ff.
＊14　Luther, WA 12, 321, 26ff.

＊15　ルター、前掲訳書、六七―六八頁。
＊16　ルター、前掲訳書、七九頁。
＊17　これらに関する詳細な説明は金子晴勇『教育改革者ルター』教文館、二〇〇六年を参照。
＊18　ルターの教育思想はこれまで多くの研究者によって考察されてきたが、なかでもその業績が高く評価されているのが、アスハイムの『ルターの信仰と教育』（一九六一年）である。
＊19　カウフマンやライマースさらにアスハイムらの研究も一致して、「教育の目標を示す中心的公式はルターにおいては〈神への奉仕へ〉という包括的概念である」ことが定説となっている。
＊20　Luther, WA 10 I-I, 657.
＊21　Luther, WA 30 II, 531. 次節の引用は WA 30 II, 527 である。
＊22　「み言葉は使徒の口から出て、聞く者の心に達する。そこに聖霊がいて、聞かれうるように心にみ言葉を刻み込む。このように説教者はすべて形を造りだす芸術家である」（WA 40, I, 649）と言われる。
＊23　Luther, WA 7, 548.
＊24　プラトンやアリストテレスが説いた正義は、ある行為に対する配分が適正であること、つまり応報的・計算的な正しさを意味していた。
＊25　Luther, WA 30 II, 575.「人々は子どもたちを学校へやるべきであるという説教」徳善義和訳「ルター著作集」第一集9、聖文舎、一九九三年、二二七頁。
＊26　Luther, WA 30 II, 576f. 前掲訳書、二二八頁。
＊27　Luther, ibid., 577. 前掲訳書、二二八頁。
＊28　Luther, ibid., 580. 前掲訳書、二三一頁。
＊29　金子晴勇『近代人の宿命とキリスト教――世俗化の人間学的考察』聖学院大学出版会、二〇〇一年、二九―三二頁参照。

＊30　ゴーガルテン『近代の宿命と希望』熊沢義宣他訳「現代キリスト教思想叢書」白水社、一九七五年、二三七頁。
＊31　パネンベルク『近代世界とキリスト教』深井智朗訳、聖学院大学出版会、一九九九年、四四頁。
＊32　パネンベルク、前掲訳書、四五頁。
＊33　トレルチ『近代世界に対するプロテスタンティズムの意義』堀孝彦訳「トレルチ著作集5」ヨルダン社、一九八二年、三一頁。
＊34　パネンベルク、前掲訳書、一〇二頁。
＊35　パネンベルク、前掲訳書、五三—五四頁。

12　新しい職業観と近代社会

ルターが活躍した時代は、封建領主が支配していた中世社会からしだいに近代社会に移行しはじめた時期に当たっていた。このことについては、マルティン・ルターの父親ハンスが農業から鉱山業に転じたことに、すでに最初の兆候が現われていた。ハンスは、マルティンが生まれた翌年にはマンスフェルトに移り、銅精錬業の事業に加わった。彼は一介の鉱夫から出発し、精錬所主人となり、辛苦に耐え、勤労を重ねて、やがて成功した。このとき金、銀、銅にせよ、貨幣が商業を栄えさせ、資本を集中させ、生産を高め資本主義がすでにはじまっていた。そこで、（1）この宗教改革の時代に起こった社会的な変化、つまり封建社会から近代社会への推移とプロテスタントについて最初に考察し、（2）次にこの時代に社会的に大きな転機となった職業観の変化について述べ、（3）そこから起こった宗教改革の社会的生産性と科学革命を論じ、（4）終わりにマックス・ヴェーバーが提起した問題を検討してみたい。

（1）封建社会から近代社会への移行とプロテスタントの出現

中世の社会・国家・政治の最大の特色は「キリスト教共同体」（corpus Christianum）の理念に求めることができる。それは、アウグスティヌスの『神の国』に示されたキリスト教的な国家の理想を現実の国家形態のなかに実現する試みであった。その興りはカール大帝の治世からであり、それは「神聖ローマ帝国」という新しい国家共同体の建設に向かって進んでいった。そこでは、キリスト教会の宗教的指導者と国家のキリスト教的・世俗的統治者との協力と提携によって統治することが求められた。この理念は、イエスの「神の国」に淵源しているかぎり、古代的な民族的共同体の枠組みを超えた普遍的なヨーロッパ共同体として完成された。こうして古代的な民族の地盤から離れていっそう開かれた普遍的な社会の実現をめざし、教会と国家の分離を認めたうえで統一するという中世統一文化を形成した。この文化は中世スコラ哲学の壮大な思想体系を生みながら、この統一の内部における国家の相対的独立が人間の自然本性とともに認められるようになり、たとえば民主制や社会契約また自由意志などといった、近代になって実現した理念がこの時代にすでに主張されるようになった。こうした近代的な理念は宗教改革の後になるといっそう進展していき、キリスト教共同体の終焉をもたらしながら近代に移行していった。

近代に入ると、古代から中世にかけて存続してきた共同社会は根本的な変化を受けることになった。それは近代市民社会の成立によって生じた新しい事態であって、これまで続いてきた共同社会は、伝統社会として歴史の背景に退くことになる。伝統的な共同社会が自然的・血縁地縁的集合体であったのに対して、近代社会は人工的・利益中心的な集合体であり、前者が個人にとって運命的所与であったのに対し、後者は個人の自由な意志でもって構成された。このような個人の自由な選択意志によって構成される近代社会は、本質的に「人間によって形成された社会」という性格を備えもっている。それは啓蒙時代の合理主義的な思想家たちが説いた「社会契約説」に端的に示されているように、自然状態の混乱を理性的な契約によって秩序ある社会状態へと導くという指導的な理念によって提起されたものであった。

このような社会についての思想はすでに中世の末期において説かれはじめていたが、そこには人民主権という理念が萌芽として芽生えており、中世は全体として、キリスト教の影響によって個人の自由と平等の思想を育てたのであった。もちろん中世封建社会は全体として見るならば貴族中心の社会であり、個人の自由は宗教的内面の領域に限られていた。しかし宗教改革がカトリック教会の教義と組織に対抗し、その教権支配を根底から揺るがしたときから、個人の自由の主張はまず宗教の領域で説かれはじめ、次いで都市を中心に市民が、最初は王権の援助によって経済的地盤を固め、やがて自立して王権をも打倒するまでの勢力になった。それに対し国王のほうは領主を介してではなく直接国民を支配し、国家は国王によって国民全体から組織された。この時代には封建制度はなお存続していたが、新しい商工業の民である市民（bourgeois）の利益を国王が政策の上で保護したため、国王の一見すると不合理な専制権が確立された。また国家が国民全体を考慮した商工業の政策を取ったので重商主義の国民経済が出現した。こうして中世のヨーロッパ的統一から近代の国家主義への移行が実現し、マキャヴェリ主義は王権のため、国家至上主義を発揮するために認められ、あらゆる奸策や陰険な権謀術数も認められた。その間に合理主義と個人主義とがしだいに育っていって人々の間に定着し、こうしてピューリタン革命、アメリカの独立、フランス革命などの政治的大変革によって近代社会が実現する。したがって近代社会は、合理的な経済活動と理性による啓蒙と革命によって、つまりもっぱら「人間によって形成された社会」であった[*1]。

宗教改革が生みだした人々は一般にプロテスタントと呼ばれ、その思想は「プロテスタンティズム」と総称される。この呼称はシュパイエルの国会でカトリック派の諸侯に反対してルター派を支持する諸侯が立ち上がって「抗議した」ことに由来する。宗教改革はもともと宗教の教義の改革と刷新とを求める運動であったが、贖宥問題についての神学的な討論から予想しなかった大きな社会問題となり、世界史的な規模の運動へと発展していった。ここからルターも予想外の社会的事件に巻き込まれるが、今や宗教改革は社会問題として探求すべき課題となった。一時代前の封建的な中世社会では身分は「支配階級」(bellator)、「僧侶階級」(orator)、「労働階級」(laborator) の三種類に分けられていた。身分制として固定されたこの秩序は、農民の子が僧侶になることによって内部から崩される余地があった。それゆえルターは労働階級から僧侶階級に進み、その頂点に立つ教皇に対決したのである。したがって贖宥問題でも農民や都市の労働者も彼の支持にまわり、社会の下層階級によって支持されて、改革を進めることができた。ところがエラスムスは人文学者として活躍し、教皇・国王・大商人をパトロンとしていても、少数のエリートにすぎず、国民大衆とは何の関係もなかったので、社会の変革は権力者に依存せざるをえず、その結果、体制内の改革者にとどまらざるをえなかった。だが封建的な身分制度が存続するかぎり、このような経済は独占商人と高利貸しからなる前期的資本主義にとどまり、農民は依然として旧体制のもとに苦しめられた。彼らが過激な革命家に扇動されてルターから離れたときでも、なお都市を中心とする中産的生産者層の広範な勤労大衆は、彼を支持し続けたのである。この社会層こそ、ルターの教えに耳を傾け、それを実践し、新しい社会を創造する力を蓄えていたといえよう。この社会を形成する力はルターの職業倫理に明らかに見いだされるので、彼の職業観と聖俗革命について次に考察してみたい。

(2) ルターの職業観

ルターの職業観についてはマックス・ヴェーバーが、その名著『プロテスタンティズムの倫理と資本主義の精神』の第一章第三節で詳論している。彼の研究によると、ドイツ語の「職業」(Beruf) には英語の calling と同様に「宗教的な、神から授けられた使命という観念」が含まれており、この観念は聖書の翻訳者ルターの精神に由来する。そこでルターが世俗の職業に Beruf (召命=天職) の訳語を当てた古典的箇所を捜してみると、それは『旧約聖書』続編「ベン・シラの知恵」(シラ一一・二〇) にあって、その箇所の本文は次のようになっている。「契約をしっかり守り、それに心を向け、自分の務めを果たしながら年老いていけ」(新共同訳)。それに対するルターのドイツ語訳 (一五四四年版のドイツ語訳聖書) を参照すると、次のようになっている。

Bleibe in Gottes wort und ubi dich drinnen / und beharre in deinem Beruff.
（神の言葉にとどまり、そのうちに身を置き、あなたの天職に固くとどまりなさい）

新共同訳にある「務め」という単語に宗教的な「召命」を意味する訳語Berufを当てたところに、ルターの職業観が端的に示される。わたしたちはこの訳語に含まれている意味を次のように理解できる。世俗の職業は神から与えられた「天職」であって、この天職へとわたしたちは呼び出されている。したがって職業は宗教的な召命であるから、これに献身的に従事し、労働に励むべきである。

このような職業観は社会生活に大きな変革をもたらすことになった。それまでの中世においては職業は上下の階層秩序のなかに組み込まれており、社会は「聖なる職業」に従事する聖職者たちによって支配されていた。この「聖職」という言葉に端的に示されているように、それと対立する世俗の職業は低いものとして蔑視されていた。ところが、ルターの宗教改革によって、世俗から隔離された聖域たる修道院はドイツにおいてほとんど崩壊に瀕しており、これによって聖職と世俗の職業との区別は撤廃されるようになった。そして世俗的職業の内部における義務の遂行を道徳の最高内容とみなし、世俗的な日常労働に宗教的意義が認められるようになり、神に喜ばれる生活は各人の世俗的地位から要請される義務を遂行することである、との思想が生まれた。ヴェーバーはこれを「世俗内敬虔」と適切にも呼んでいる。

このような事態はルターの中心思想である信仰義認論から直接導きだされたのであった。つまりキリスト者は、神に対しては功績となる善行によらないで、ただ「信仰によってのみ」（sola fide）生き、隣人に対しては愛によって喜んで奉仕するように努めることが勧められた。こうした宗教改革者によって生まれたこの職業の観念には次のようにヴェーバーが指摘する思想が含まれていた。

世俗的職業の内部における義務の遂行を、およそ道徳的実践のもちうる最高の内容として重要視し……、世俗的日常労働に宗教的意義を認める思想を生み、……また、修道士的禁欲を世俗内的道徳よりも高く考えたりするのでなく、神によろこばれる生活を営むための手段はただ一つ、各人の生活上の地位から生じる世俗内的義務の遂行であって、これこそが神から与えられた「召命」(Beruf) にほかならぬ。[*2]

もちろん、この思想はルターの中心思想から生まれてきており、信仰によってのみ神に義と認められるという「信仰義認論」は彼自身の修道院における体験に発している。「修道院にみるような生活は、神に義とされるためにはまったく無価値というだけでなく、現世の義務から逃れようとする利己的な愛の欠如の産物だ、とルッターは考えた」[*3]。このようにヴェーバーはルターの職業観を高く評価しているが、ルターが経済に関する聖書の伝統主義的・現世否定的傾向のゆえに、また過激な革命家やそれに同調した農民との抗争ののち、歴史的秩序の肯定に立つ伝統主義に傾斜し、「神への無条件的服従と所与の環境への無条件的適応とを同一視するにいたった」がゆえに、近代の職業思想を彼に帰することは不可能であり、「結局、宗数的原理と職業労働との結合を根本的に新しい、あるいはなんらかの原理的な基礎の上にうちたてるにはいたらなかった」[*4]と結論される。

このようなヴェーバーの解釈に対し、その妥当性を原則的に認めたうえでも、なお三つの点に疑義を感ぜざるをえない。

㈠世俗労働を隣人愛の外的現われと見たルターには「その基礎づけはおそろしく現実ばなれしたもので、とくに分業は各人を強制して他人のために労働させるということが指摘されていて、有名なアダム・スミスの命題に比べると奇怪なほどの相反を示している」[*5]と説かれている。だが、経済の分業活動をスミスが自己愛にもとづく交換に帰しているのに対し、ルターは隣人愛の強制に見ているというのは、皮相な解釈であると思われる。自己愛に立つ分業と競争が「見えざる手」によって導かれるというスミスの楽観的な観念はルターにはない。自己愛は隣人愛と矛盾的に対立している。したがって自己愛に生きるかぎり、隣人愛は否定される。だから自己愛の否定によって、つまり現世否定によって、隣人愛が確立されているだけでなく、その潜在力（Potenz）を高めている。中世においては自己愛の否定が神への愛へ向けられていたのに、ルターでは隣人愛に向けられている。

㈡次に、現世の歴史的・客観的秩序の理解に関して、その承認が伝統主義への傾斜を生んでいるとのヴェーバーの見解に疑問を感ぜざるをえない。確かに、ルターが説いた隣人愛は神によって定められている各人の社会的位置（身分や職業）に応じて具体的に実践される。そのさいルターでは「諸身分」（Stände）が中世的・伝統的な階級秩序を意味しないで、高低の区別のない、機能的な「職分」（Werk）や「役目」（Amt）が認められているにすぎない。つまり司祭でも役目を離れればひとりの市民や農夫にすぎない。諸秩序は三つに大別され、「司祭の身分」（Priesterstand）・「結婚している人」（Ehestand）・「現世の役人」（weltliche Obrigkeit）、または「経済」（oeconomia）・「政府」（politia）・

「教会」(ecclesia)とされていた。したがって、身分は多数かつ多様であり、「神がその主人であって、多くの使用人をもっている」[*6]。この秩序は神が定めたのであるから、聖なるものであり、すべての身分は等しく、相互に協力しあい、一体となって秩序・法・平和を現世に確立することができる。そのためには国々の法秩序も役に立つが、それは時代とともに変化する。それでも諸身分の構成は本質的には変わらない。「神はそのような諸身分について、それらが存続すべきであるとみなしたもう。さもなければ世界は存立できないであろう」[*7]。ルターにおける身分や秩序の思想は聖俗を二元的に分ける伝統的秩序から遠くかけ離れており、神の前にすべての身分は同等であるとみなされた。ただ彼は、領邦国家の力を借りて教会の秩序を回復せざるをえなかったことから、政治的には保守的にならざるをえなかったといえよう。

㈢さらにヴェーバーによると、ルターではいまだ不確定で萌芽の状態であった職業観をカルヴァン派は倫理体系の特質にまで高め、「神の栄光を増すために」隣人愛に発する労働も役立てられ、自然法によって与えられる職業の遂行は、社会的秩序の合理化を生むにいたった、と解釈されている。カルヴァン派、とくにピューリタンでは救いの確かさが客観的な働きによって有効に証明されることを願い、絶え間ない職業労働によって現世の楽しみを拒否する禁欲的な生き方を築き、自己確信に満ちた「聖徒」が輩出するようになった。ここに彼はプロテスタンティズムの職業倫理が資本主義の倫理を形成した作用を捉えている。しかし、わたしたちは、ルターによっても新しい社会が生まれてきている点を看過すべきではない。

（3）宗教改革の社会的生産性

そこで隣人愛について先に述べた点をルターの人間観から考察し、エルンスト・トレルチ（Ernst Troeltsch, 1865–1932）の言う「社会的生産性」のことを考えてみたい。ルターの人間観は『キリスト者の自由について』にもっとも明瞭に提示されている。彼はキリスト教的人間は「自由な君主」と「奉仕する僕」つまり「主人」と「奴隷」という矛盾的に対立する生き方をとるとみなし、この矛盾は人間の二重の本性たる魂と身体にもとづいて考察され、魂が信仰により自由を得、身体を通して愛の奉仕を行うという観点から論じられる。そして結論のところで「キリスト教的人間は自分自身においてもはや生きないで、キリストにおいては信仰を通して、隣人においては愛を通して生きる」ことが強調される。この自由は「自分自身において生きない」という自己愛からの解放によって成立し、「あたかも天が高く地を超えているように、高くあらゆる他の自由にまさっている自由なのである」と説かれた。[*8] そしてこのように信仰によって自由の高みに昇ったキリスト者は、僕として愛の奉仕にいそしむ。自由の高さから愛の低さに下るこの落差こそ信仰の力である。このような信仰の力に「社会的生産性」があるとトレルチは考える。[*9]

先に考察した職業観に示されている宗教的現世肯定は、中世を支配していた超自然的な聖なる世界の全面的崩壊を引き起こし、「世界・内・敬虔」という基本姿勢が確立し、聖なる世界は、もはや教会や修道院といった特別の聖域にあるのではなく、人間の心の内面に信仰とともに移された。こうして聖なるものが世俗のなかに愛を通して深く浸透し、俗を内側から生かすことになった。つまり、聖と俗とが二元論的に上下に分けられたうえで、統一されていた中世的な社会の構図が近代にいたると崩壊し、聖が俗のなかに侵入し、俗を通して新たな世界を形成する。ここにトレルチが力説する宗教改革の社会的な生産性が洞察されなければならない。しかしながら近代がさらに進むと、俗が聖を排除し、退けるようになった。そのとき初めて「科学革命」(Scientific Revolution)とか「聖俗革命」とか言われる事態が成立する。[*10] それは一般に「世俗化」と言われている。これは近代の初めにおいては信仰の行為として生じたものであり、やがて信仰の生命が失われると、世俗化は「世俗主義」に変貌していく。[*11] 聖俗革命は俗が聖を追放することによって実現しているが、そのことの帰結が俗の自己破壊を引き起こしているがゆえに、この俗をも真に生かす聖の内在化こそ、本来の聖俗革命でなければならない。

宗教改革は宗教上の教義の改革を意図したものであったが、この改革の精神のなかに合理性が潜在的に含まれており、信仰によって個人を内面的に強固にしたのみならず、世俗的職業を天職とみなし、世俗の生活において新しいエートスを生みだし、生産の合理化によって近代社会を形成する力の源泉となった。そのさい、ヴェーバーの合理化の視点をここで参照してみることが必要になる。彼は、プロテスタンティズム、とくにカルヴァン派のピューリタンにおいて個人的な内面化が進んでいき、ルター派では十分に徹底されなかった教会や聖礼典による救済を完全に廃棄した点にカトリシズムとの決定的な相違点を捉え、そこに彼の言う「呪術からの解放」が完成されていると説いた。[*12]

こうした呪術からの解放が宗教史における合理化の過程であるとしたら、人文主義者エラスムスの戦いはその先駆けとして意義あるものであったといえよう。ところが、エラスムスに欠けていたのはヴェーバーが力説した禁欲的精神であった。信仰による現世の否定こそ、ピューリタン的禁欲主義から生まれており、宗教的エートスが生まれうる土壌である、と彼は考えた。ここで明らかなことは、ヒューマニズムではなく宗教改革において、新しく社会を形成するエートスが育まれたということである。

(4)ヴェーバーの亡霊物語

だが、ヴェーバーは『職業としての学問』の末尾で宗教改革時代からの信仰や霊性の大きな衰微について次のような注目すべき発言をしている。

かつて嵐の如き情熱をもって幾多の大教団を湧き立たせ、かつ、これらを互に融合せしめた預言者の霊性（プネウマ）に相当すべきものは、今日ただ最も小規模な団体内での交りの中にのみ、しかも最微音をもつて脈打つているにすぎないということ、これはいづれも故なきではない。……このことから我々は、いたずらに待ち焦れているだけでは何事も為されないという教訓を引き出さう、さうしてこうした態度を改めて、自分の仕事に就き、そして「時代の要求」に――人間的にもまた職業的にも――従おう。このことは、もし各人が夫々その人生を操つてゐる守護神（デーモン）をみいだし、かつ、それに従うならば、極めて容易に行はれうるのである。[*13]

ここで言う「霊」（プネウマ）は今や小集団の内に限定され、その働きも「最微音」となった。それでも善い守護神ダイモンに従うならば、その援助によって悲惨な人生の戦いをも生き抜くことができる。このように語ったヴェーバーはやはり霊の覚醒者であったといえよう。彼は『プロテスタンティズムの倫理と資本主義の精神』の前半で新しい職業観の近代社会に与えた影響を論じ、後半ではその職業観を支えていた「精神」が宗教的生命を喪失して「亡霊」となったことを解明した。ここでは先の「霊」（プネウマ）が「亡霊」となったことに注目したい。彼はプロテスタントの職業倫理がかつては近代ヨーロッパの形成に大きな意義をもっていたが、やがてそれを支えてきた「精神」（Geist＝霊）が宗教的生命を失って「亡霊」となったことを指摘する。

このような「精神」が「亡霊」となる変化はどのようにして起こったのであろうか。ヴェーバーはこの変化を宗教倫理が資本主義によって世俗化されるプロセスで捉え、次に挙げる三つの観点から世俗化のプロセスを解明した。

(1) 禁欲による合理化と富の蓄積

資本主義の生産様式においてこの世の楽しみを捨てて職業にいそしむ精神つまり禁欲が重要な役割を演じる。禁欲は不正に対してばかりでなく、純粋に衝動的な物欲とも戦った。だが、この衝動的な物欲こそ禁欲が「貪欲」や「拝金主義」などとして排斥したものであったのに、その禁欲が今や結果としては富裕をもたらし、やがて富をその究極目的として追求することになったのである。それゆえ禁欲は『マクベス』の魔女が説く「つねに善を欲しつつ、つねに悪を作り出す」力となった。そこには「富を目的として追求することを邪悪の極致としながらも、〔天職である〕職業労働の結果として富を獲得することは神の恩恵だと考える」ような矛盾が見られる。しかしそれよりも重要な点は「たゆみない不断の組織的な世俗的職業労働を、およそ最高の禁欲的手段として、また同時に、再生者とその信仰の正しさに関するもっとも確実かつ明白な証明として、宗教的に尊重することは、われわれがいままで資本主義の〈精神〉と呼んできたあの人生観の蔓延にとってこの上もなく強力な梃子とならずにはいなかった」ことである。こうして禁欲による消費の圧殺と富の蓄積とを救いの証とすることが結びつくと、「禁欲的節約強制による資本形成」が生まれてくる。そこからニューイングランドでもオランダでも、「真剣な信仰の持ち主たちが、巨大な富をもちながら、一様にきわめて簡素な生活にあまんじていたことは、度はずれの資本蓄積熱をもたらした」と言われる。[*14] ここに世俗化の前提条件が揃ったことになる。だが神と富とに兼ね仕えることは不可能であるから、神への信仰によって富が増すようになると、信仰の「腐食現象」と言われている世俗化も必然的に起こり得る前提条件が揃うことになる。

⑵ ピューリタニズムの人生観と資本主義

こうした信仰の世俗化が生じたのは、プロテスタントの中でも信仰の内面性を強調したルター派が支配的であった国々ではなく、行動的なカルヴァン派が浸透していった国々、とくにピューリタニズムの人生観が行き渡った国々においてであった。そこでは市民的な、経済的に合理的な生活態度へ向かおうとする傾向が単なる資本形成の促進よりもはるかに重要な働きをもたらした。「ピューリタニズムの人生観は近代の〈経済人〉の揺籃をまもったのだった」。その生活理想は富の「誘惑」のあまりにも強大な試練に対してまったく無力であった。ピューリタニズムの精神の純粋な信奉者たちは、興隆しつつあった小市民層や借地農民層のあいだに見いだされ、その中の「恵まれた豊かな人々」(beati possidentes) は禁欲的で質素な生活という古い理想を追求する傾向にあった。

富が増すところに信仰の堕落が生じるのは歴史的にも絶えず見られる現象であって、世俗内的禁欲の先駆者であった中世修道院の禁欲がくりかえし陥ったのとまったく同じ運命だった。中世に盛んに建立された修道院においては厳格な生活の規制と消費の抑制がおこなわれて、合理的な経済の運営がなされるようになると、それによって獲得された財産は僧侶をして貴族化の方向に落とさせたばかりか、富によって修道の精神が弛緩し、修道院の規律が崩壊の危機に直面していった。それゆえに繰り返し「修道院改革」が提案され、実行されなければならなかった。「修道会の会則の全歴史は、ある意味において、まさしく所有の世俗化作用という問題とのたえまない格闘にほかならなかった。ピューリタニズムの世俗内的禁欲の場合にも、それと同じことが壮大な規模で起こったのだ」[*15]。たとえば一八世紀末葉に起こったメソジスト派の「信仰復興」運動はそのよい例である。

この運動の指導者であったジョン・ウェスレー自身は「私は懸念しているのだが、富の増加したところでは、それに比例して宗教の実質が減少してくるようだ。それゆえ、どうすればまことの宗教の信仰復興を、事物の本性にしたがって、永続させることができるか、それが私には分からないのだ」と言い、さらに「人々が勤勉であり、質素であるのを妨げてはいけない。われわれはすべてのキリスト者に、できるかぎり利得するとともに、できるかぎり節約することを勧めねばならない。が、これは、結果において、富裕になることを意味する[*16]と考えた。これにつづいて「できるかぎり利得するとともに、できるかぎり節約する」者は、また恩恵を増し加えられて天国に宝を積むために、「できるかぎり他に与え」ねばならないと勧告されている。[*17]

(3) 宗教的生命の枯渇と世俗主義化した「末人」の運命

ヴェーバーがとくに注目したのは宗教が生命を失って世俗化するプロセスである。彼によるとそれが経済への影響力を全面的に現わすのは、「通例は純粋に宗教的な熱狂がすでに頂上をとおりすぎ、神の国を求める激情がしだいに醒めた職業道徳へと解体しはじめ、宗教的根幹が徐々に生命を失って功利的現世主義がこれに代わるようになったとき」であり、それを比喩的に表現すれば、バニヤンの『天路歴程』に登場する「巡礼者」が「虚栄の市」を通って天国に急ぐ内面的に孤独な奮闘に代わって、「ロビンソン・クルーソー」つまり同時に伝道もする孤立的経済人が姿をあらわしたときである。[*18]実際、強力な宗教的な生命がないなら、世俗化は生じない。これが起こる瞬間は、宗教的な生命がその頂点に到達し、やがてそこから下降するときであり、そのときに宗教が生んだ子どもが親の地位を簒奪し、没収することによって権力の交替が実現する。

禁欲の精神は修道士の小部屋から職業生活のただ中に移されて、世俗内的道徳を支配しはじめるとき、それに技術的・経済的条件が結びつくと、資本主義的な生産様式にもとづく近代的経済秩序を形成するのに力を貸すことになった。そしてひとたびこの秩序ができあがると、それは圧倒的な力をもってすべての人と世界とを巻き込み、鋼鉄のように堅い檻となって支配するようになった。バクスターによると、わたしたちは所有物を「いつでも脱ぐことのできる薄い外衣」のように肩にかけるべきであった。しかるに運命は不幸にもこの外衣を「鋼鉄のように堅い檻」としてしまった。したがって「禁欲が世俗を改造し、世俗の内部で成果をあげようと試みているうちに、世俗の外物はかつて歴史にその比を見ないほど強力になって、ついには逃れえない力を人間の上に振るうようになってしまった」。これが世俗化であって、「世俗的職業を天職として遂行する」禁欲の精神はかつての宗教的信仰の「亡霊」としてわたしたちの生活の中を徘徊する。

こうして職業活動は今日では最高の精神的文化価値への関与が失われ、単なる経済的強制としてしか感じられないし、営利活動は宗教的・倫理的な意味を完全に喪失し、今ではマネー・ゲームといったスポーツのように純粋な競争の感情に結びつく傾向を示している。こうした文化発展の最後に現われる「末人たち」(letzte Menschen) にとっては「精神のない専門人、心情のない享楽人。この無のものは、人間性のかつて達したことのない段階にまですでに登りつめた、と自惚れるだろう」という言葉が真理となるのではなかろうか、とヴェーバーは警告している。[*19]

このように宗教改革時代に宗教的な生命として溢れていた「精神」が、その内的生命を枯渇させ、今や「亡霊」となってしまった。わたしたちの時代はまさにこうした傾向を濃厚に示している。宗教改革を再考するとこのような精神的頽廃の末期現象について考えさせられるのではなかろうか。これでもまだ「亡霊」に気づかない人には次の物語が的中するのではなかろうか。

終わりに

ヴェーバーの「末人」の姿は金の亡者となったシャミッソー（Adelbert von Chamisso）作『ペーター・シュレミールの不思議な物語』（一八一四年）に見事に活写されている。それは自分の影を売った男の話である。シュレミールは「影をゆずってはいただけませんか」と灰色の服を着た謎に満ちた男に乞われて、それと引き替えに「幸運の金袋」を手に入れる。こうして彼は大金持ちになったものの、影がないばっかりに、さまざまな苦しみを味わうという。このメルヘン調の物語でシャミッソーは影が体から離れる瞬間を次のように見事に描いた。

「どうぞこの袋を手にとって、おためしになってください」。男はポケットに手を入れると、手ごろな大きさで縫目のしっかりしたコルトバ革製の袋を丈夫な革紐ごとたぐり出して私の手にのせました。ためしに袋に手を入れて引き出すと十枚の金貨が出てきました。もう一度手を入れるとまた十枚、さらに十枚、もうひとつ十枚というわけです。「よし、承知だ。こいつと影とを取り換えよう」。私は男の手を握りました。すると男はこちらの手を握り返し、ついで私の足もとにひざまずくと、いとも鮮やかな手つきで私の影を頭のてっぺんから足の先まできれいに草の上からもち上げてクルクルと巻きとり、ポケットに収めました。つづいて立ち上がってもう一度お辞儀をすると薔薇の茂みの方へ引き返していったのですが、歩きながらクスクス笑いを洩らしていたようでした。私はといえば、後生大事に袋の紐を握りしめていたのです。陽がさんさんと射しこめるなかで、すっかり正気を失っていたようです。[*20]

ここでの奇跡は神のそれではなく、悪魔の奇跡である。この場面はファウストが悪魔と契約を交わす伝承を彷彿とさせる。ファウストも現世の快楽と引き替えに魂を悪魔に売ったのであった。世俗化が侵攻してくると、単なる快楽から「金貨」に的が絞られてくる。この引用の少し前には「私は目の前に金貨がキラキラきらめいているような気がしました」とある。この金貨に目がくらんでこの引用文の最後には「すっかり正気を失っていたようです」とある。これは世俗化による自己喪失を描いている。そしてこの文章の終わりには「陽がさんさんと射しこめるなかで」とある。つまり太陽の光を受けて生きるのが人間の本来の姿であって、それは「影」によって知られる事態なのである。ここでの取引は「魂」ではなく、「影」であるところに悪魔の誘惑の本領が発揮される。悪魔は悪しき霊である。元来は「光の天使」であった悪魔は「堕天使」となって、神の光が射さない暗黒の世界に青年を引きずり込んだのだ。だからこの物語は、主人公がそれとは知らずに悪の誘惑に陥っていく有様を描いており、金袋と影との交換条件が示される。影というのは魂ではないし、取るに足りない影に意味があろう筈がない。影なんかは中身もなければ値打ちもない馬鹿げたもののように思われる。ここに悪魔の欺きがある。

レヴィ・ブリュールの『未開社会の思惟』を読んでみると、未開社会の人たちは人の「影」を踏むと、その人は死ぬと信じており、森の開けたところを通過するときには影を踏まれないように警戒している姿が描かれている。彼によると「原始的心性は集団表象においては、器物・生物・現象は、我々に理解しがたい仕方により、それ自身であると同時にそれ以外のものでもあり得る」[*21]。そうすると影が人間の目には見えない生命現象と融合して表象されていることになる。わたしたちが考察している「霊」や「霊性」も目には見えない現象である。生命現象でも実験科学の対象になる部分と対象とならない部分がある。魂も心理学の対象となる部分とそうでない部分とがある。科学を導いているのは理性であり、これは昔から「自然本性の光」(lumen naturale)と呼ばれていた。人間の霊にはこの光が射さない。だからルターは神秘主義の用法を借りてこれを「暗闇」(tenebrae, caligo)と言ったが、「影」(umbra)と言う場合もある。霊は見えないが、光が射すところに「影」としてその姿を反映させる。だから影は霊の反映である。これが欠けている者は霊性を完全に喪失した人間であり、世俗化の極致ではなかろうか。

ところでシュレミールは、影がないばっかりに、世間の冷たい仕打ちに苦しまねばならないという辛い経験をなめることになる。物語の終わりに彼はやがてあの不思議な袋が悪魔がよこしたものであると悟り、魔法の袋を投げ捨て、残ったわずかなお金で古い靴を一足買う。はからずもそれが魔法の七里靴であった。七里靴はシュレミールを楽々とよその大陸へ運んでいく。こうしてシュレミールは魔法の袋という悪魔の奇跡を断念したその瞬間に、あらゆる大陸で大自然の奇跡を探り、研究する可能性が拓かれてくる。シャミッソーは主人公を世俗的夢からひき離して、太陽が燦々と輝く世界、実に奇跡に満たされた現実の世界へ導き帰す。この昔話の靴は太陽がきらめく自然へと人を導いており、この物語は世俗化して霊性を喪失した現代人に本来の姿を想起するように促している。

注

＊1　詳しくは金子晴勇『人間の内なる社会』創文社、一九九二年、第四章「人間によって形成される社会」五三―八二頁参照。
＊2　ヴェーバー『プロテスタンティズムの倫理と資本主義の精神』大塚久雄訳、岩波文庫、一九八九年、一〇九―一一〇頁。
＊3　ヴェーバー、前掲訳書、一一〇頁。
＊4　ヴェーバー、前掲訳書、同頁。
＊5　ヴェーバー、前掲訳書、同頁。
＊6　Luther, WA 30 II, 570, 3.
＊7　Luther, WA 31 I, 400, 1.
＊8　M・ルター『キリスト者の自由／聖書への序言』石原謙訳、岩波文庫、一九五五年、四七頁。
＊9　E・トレルチ『ルネサンスと宗教改革』内田芳明訳、岩波文庫、一九五九年、四一―四三頁。
＊10　H・バターフィールド『近代科学の誕生』上・下、渡辺正雄訳、講談社学術文庫、一九七八年、および村上陽一郎『近代科学と聖俗革命』新曜社、一九七六年、三一―二六頁参照。
＊11　詳しくは、金子晴勇『近代人の宿命とキリスト教――世俗化の人間学的考察』聖学院大学出版会、二〇〇一年参照。
＊12　ヴェーバー、前掲訳書、一五七頁。
＊13　ヴェーバー『職業としての学問』尾高邦雄訳、岩波文庫、一九六五年、七〇―七三頁（一部改訳）。
＊14　ヴェーバー『プロテスタンティズムの倫理と資本主義の精神』三四四―三四五頁。
＊15　ヴェーバー、前掲訳書、三五一頁。
＊16　ヴェーバー、前掲訳書、三五二―三五三頁。

＊17　ヴェーバー、前掲訳書、三五一―三五三頁。
＊18　ヴェーバー、前掲訳書、三五五頁。
＊19　ヴェーバー、前掲訳書、三六四―三六六頁。
＊20　シャミッソー『影をなくした男』池内紀訳、岩波文庫、一九八五年、一九―二〇頁。
＊21　レヴィ・ブリュール『未開社会の思惟』山田吉彦訳、岩波文庫、上巻、一九五三年、九四頁。

13　近代思想に対する影響

はじめに

大洋には至る所に海流が起こっているが、その深みには深海流があって海上のみならず陸地の気象にも大きな影響を及ぼしていると言われる。同様のことは思想史においても妥当するのではなかろうか。たとえばヨーロッパの中世から近代の移行期に関しても、多くの思想潮流が見られる。そこにはルネサンスと宗教改革の海流があり、新旧のスコラ神学の対流や人文主義と神秘主義の流れ、さらにさまざま分派やセクトの氾濫も起こり、続いては啓蒙思想と敬虔主義が隆盛となり、さらに自然主義・ロマン主義・古典主義といった思想の潮流が現われてくる。しかし、これら多様な海流と潮流の深みには深海流が探査され得ないであろうか。

ところでこれら近代における多様な思想の潮流に対してかつてトレルチが行った時代区分の提案はわたしたちの意表を突いたものであり、今日でもその意義を失っていないように思われる。

トレルチは一六世紀の宗教改革を古プロテスタンティズムとして捉え、その後のプロテスタンティズムの展開を新プロテスタンティズムと呼んだ。というのも彼は一七世紀後半から起こった啓蒙思想をもって近代思想がはじまるとみなし、宗教改革と近代思想との間に断絶をおいたからである。もちろんそこには連続面もあるが、宗教改革が近代に対して果たした役割はむしろ間接的なものであり、偶然的な副作用もしくは意図せざる結果にすぎないと考える。彼は総じて近代世界が古い宗教的な束縛の破壊という仕事を徹底的な仕方でなしたが、真に文化を総合する新しい力を生み出していないと考えた。つまりキリスト教古代や中世の統一文化が果たしたような文化創造は、近代世界には生まれていないと主張した。[*1]

わたしたちはこれまでヨーロッパの近代思想を人類の優れた文化遺産として受容してきたのであるが、トレルチの見解はわたしたちに強く反省を迫るものではなかろうか。確かに一七世紀に始まる啓蒙思想は貴族にかわってブルジョアを、旧体制にかわって革命を、神学にかわって科学を、農村にかわって都市を、それぞれ前面に押し出してきた。それによって革命が次々に起こり、科学技術が振興し、大都市が建設されて、これらの力が相携えて新しい世界を造るとき、技術文明とか産業文化と呼ばれる新しい世界が一八世紀後半から一九世紀にかけて誕生したように思われた。そのさい文化をこれまで導いてきたヨーロッパ的な「霊性」もしくは信仰は次第に背景に退き、これに代わって「理性」の自律化がはじまり、科学技術と提携することによって、霊性から切り離されて道具化した「理性」が時代を支配するようになった。こうして「理性」はかつてもっていた「深み」を喪失し、単なる合理主義や皮相なヒューマニズムとなって全世界に広まっていった。日本が自国の文化を残しながら、「和魂洋才」の立場で、ヨーロッパの「魂」である「霊性」を抜きにして、ただヨーロッパの産業技術のみを受容していち早く近代化を達成できたのは、こうした近代文化の歴史から説明することができる。

（1）宗教改革と近代思想

近代ヨーロッパの資本主義のみならず思想の革命も一六世紀の宗教改革に起源があると言われる。プロテスタントの宗教改革者たちは、直接にはその神学によって、間接には彼らが造りだした新しい社会形態によって、一七世紀の新しい科学と哲学にいたる道を切り拓き、それによって世界変革の道を準備した。したがって一六世紀の宗教改革なしには一八世紀啓蒙主義は語れないと言われる。その中でもエラスムスについてギボンは言う。「彼は理性神学の父とみなすことができる。一〇〇年もの深い眠りの後、それはオランダのアルミニウス派、グロティウスやリンボルフやルクレールによってイングランドではチリングワースやケンブリッジの広教会派、ティロトソン、クラーク、ホードゥリー等によって復活させられた」[*2]と。彼によるとエラスムス以後「一〇〇年もの深い眠り」の後に近代啓蒙思想が誕生することになる。

(1) エラスムスの人文主義と啓蒙主義

エラスムスが活躍した一六世紀に続く時代はトレルチによっても古プロテスタントの時代として近代の啓蒙主義とは区切られる[*3]。この時代区分は厳密には一七世紀の中葉に起こった宗教戦争によって生じたと説かれた。[*4] そうすると一七世紀も前半と後半とに分割されるので、宗教改革以後は三つの時代区分があることになる。第一がエラスムスの前期宗教改革、次が一七世紀初頭でエラスムスの信奉者グロティウスが活躍した時代であり、最後が一七世紀末と一八世紀初頭で、ニュートンとロック、ライプニッツの時代である。これら三つの時代は相互に明確に区別された「光」の段階であって、ギボンの言う「一〇〇〇年もの深い眠り」の後に第二と第三の時代が到来することになる。

ではエラスムスの思想はどのように啓蒙時代に復活したのであろうか。「エラスムスの時代は教会が分裂することなく合理的に改革できるように思われた教会統一最後の時代であった」[*5]。彼はルターにはじまる激烈な教会分裂に対処して平和を求めて分裂を阻止すべく尽力した。彼はコスモポリタン(世界市民)であった。このようなグローバルな精神は続く第二の時代にもオランダにおける彼の後継者グロティウスによって継承された。彼はエラスムス的な土台の上に教会を再統一するように試みた。さらにこの平和の精神は一七世紀の中葉に起こった三〇年戦争をもってはじまり、一八世紀啓蒙主義へと続く時代にも継承された。ここには政治や思想において激しい対立はあっても、調和と平和が時代を導いており、和解の精神が見られた。たとえばライプニッツは教会統一のためにすべての国の朋友に提携を呼びかけた。だがこの融和の精神は革命の時代にはいると歴史からその姿が消えていった。

しかし、この事態は別の意味をもっていた。それは宗教戦争によって、人間社会の政治的、法的な生活形態の基盤として宗教が有効であったというような時代が終わったことを意味する。さらに重要なことにはあらゆることが人間の本性に従うという新しい態度が生じたことであった。ここに新しい近代的な人間学の形態が立ち現われ、その背後には一八世紀の理神論に繋がる精神が誕生したといえよう。したがって一七世紀の中葉に起こった歴史の裂け目は、社会秩序が制度的な宗教、つまり実定的な宗教の影響のもとに規定されていた時代が終わったことを示す。このことは「キリスト教的共同体」(corpus Christianum)の終焉であって、キリスト教的な中世全体の終わりを意味した。フランス革命はこのような古い共同体の最終的な終焉を宣告した。*6

これら革命にいたる以前の時代的・思想的な特徴は、幸運にもイデオロギー的な冷戦や熱い戦争からまぬがれたため、コスモポリタンな知的交流の時代であった。「エラスムスの交際には、地理的なものであれイデオロギー的なものであれ、境界がなく、スコットランドからトランシルヴァニア、ポエフンドからポルトガルまでも拡がっていた。一六世紀末の闘争はこの知的統一をうちこわすが、一七世紀初頭の平和はそれを復活させた」。それゆえ文化的な交流は全ヨーロッパ的な規模で浸透し、ヴォルテールが書いているように、「哲学者の間の交流がこれほどまで広がったことはなく、ライプニッツはこれを刺激することに奉仕した」*7のである。ライプニッツ、ロック、ニュートンは確かにこの知的共和国の指導者であった。したがってヨーロッパ啓蒙主義の諸思想がイデオロギー革命や内乱の抗争のさなかに形成されたと一般に言われるけれども、実はこれらの諸思想はイデオロギー的平和と国家間の友好的接近の時代に形成されたのであり、革命の時代はこれを促進したのではなく、妨害し、遅延させたにすぎない。*8

(2)「世俗化」とは何か

このような近代史のプロセスは一般的に「世俗化」として考察される。教会の財産の世俗への払い下げを意味する世俗化には「没収」の意味が含まれていて、指導的な役割を演じていた力の交替がなされた。こうしてキリスト教の代わりに啓蒙思想の合理主義が登場してきて、ヨーロッパ的霊性（信仰）を追放し、自らが指導権を掌握するようになった。だが、理性が時代を支配したとはいえ、霊性との関連を断ち切ることによって理性は道具化し、科学技術をもって新しい世界を造ったにしても、理性の「深み」を喪失することになった。

では、この世俗化によって失われた理性の「深み」とは何であろうか。あるいは近代思想における思想潮流には深海流がもはや見られないのであろうか。この「深み」をわたしはエックハルトに淵源し、ルターとルター派教会、中でも敬虔主義を経てドイツ観念論にまで貫流する神秘主義の流れの中に見出すことができると考える。しかも他ならぬ理性の「深み」をあらわす「根底」（Grund）もしくは「魂の根底」（Seelengrund）によって、あたかも隠された地下水脈のように、深海流が滔々《とうとう》と流れていることを明瞭に把握することができるのではなかろうか。

(3)「根底」概念の意義

この「根底」概念によってエックハルトはその中心思想を表現しており、それが魂の上級能力として「魂の閃光」（Funklein）とか「神の像」（imago dei）また「諸力の根」（Wurzel）と共に用いられた。それがタウラーでは全説教を貫く中心概念となっており、その神秘思想がこれによって表明された。この根底は「魂の根底」と一般に呼ばれているように、魂のいっそう深く、いっそう高級な能力であって、身体と魂とから成る人間存在のもっとも高貴で深淵的な部分を指し示している。

ドイツ語の「根底」は元来沃土の低地や谷を意味し、やがて泉の湧き出る低地、さらに土台や地盤を意味した。これが宗教的意味をもつようになり、感性や理性を超える霊性の次元を表現するために用いられ、「神の働く場」や「神の住い」を意味し、ここで「神の子の誕生」や「神秘的な合一」と「合致＝同形性」が生じると説かれた。この「根底」は西洋思想史における霊・魂・身体（spiritus, anima, corpus）の人間学的な三分法によれば、ちょうど「霊」の場所に位置し、根底は霊性と同義であることが判明する。それゆえルターはタウラーから根底概念を受容したとき、それを霊概念に置き換えることができた。*9

ルター自身は本来キリスト教の教義の改革者であるが、同時に豊かな神秘的な経験をもった思想家でもある。したがってルターにおいては神秘主義や霊性は明示的な概念とはなっておらず、あくまでも義認が明示的で中心的な概念である。確かに神秘的な経験は理性によって把握され、概念化することができないように、一般概念によっては規定できない性質のものであって、義認論の下に隠れている非明示的で暗示的な言葉にすぎない。しかしルター以後には、義認論が概念的に整理され、教義もしくは世界観として体系化されるに及んで、信仰の内的な生命が枯渇するようになった。それに反しルター以後の近代ドイツ神秘主義の歴史的発展は喪失された生命を再び取り戻し、続く時代の精神的基盤を創造していった。

この神秘的な経験を把握するためにこれまでの研究では「神秘的合一」（unio mystica）がキーワードとして一般に用いられてきた。またこの合一の頂点を示す脱魂状態である「ラプトゥス」（raptus）

が重要視されてきた。それに対し「魂の根底」という霊性の作用は、ルターではおそらく非聖書的な概念であるという理由で、「霊」概念に移されたといえよう。それにもかかわらずルター以後のドイツ神秘主義の展開にとって、この概念はきわめて重要な意義をもっている。たとえば、この「根底」概念はルターから分離していった「霊性主義者たち」（Spiritualisten）によって使用されるようになり、さらにルター派の神秘主義の基本概念となった。ルターの同時代人の中には宗教改革に参加しながらも一五二〇年代に入ると、次第に過激な改革路線をとる改革者たちが登場してくる。それは「分離派」（Sekten）とか「霊性主義者たち」と呼ばれる人たちであるが、これに対決して新しい教会は統一的な性格をもった体制を築き上げていった。そのさい霊性主義者たちはルターが世俗の権力と協力して新しい教会を形成していく点を批判して、宗教改革運動から分離し、当時有力な思想の潮流をなしていた神秘主義や人文主義を受容しながら、新たに内面的で霊的な宗教に向かった。このルターを批判して登場してくる、同時代の神秘主義的傾向の思想家たちは、「信仰のみ」や「聖書のみ」を強調するのではなく、むしろ「内面的で霊的な宗教」を確立しようと試みており、彼らの多くは神もしくはキリストとの「神秘的な合一」をめざす神秘主義的な思想傾向を顕著に示した。[*10] と同時に彼らはカトリックにも、プロテスタントにも所属しないで、「分離派」を形成した。このような分裂の悲劇は、対立する勢力への分化を通して、もし分裂という事態が起こらなかったならば明瞭になり得なかったような真理の局面を明らかにした事実によって、軽減されるであろう。

　この真理の局面というのは、宗教改革の隠された地下水脈を形成している事実をいう。わたしたちはこの水脈をこの「根底」概念によって辿ることができる。こうしてエックハルトとタウラーに始まり、ルターを経てベーメやシェリングに至る、さらにはルターからドイツ敬虔主義を経てシュライアーマッハーに至るドイツ神秘主義が展開し、近代ヨーロッパの霊性の源流となった[*11]。

この根底学説によってヨーロッパ近代思想史の「深海流」の事実が探査されるならば、宗教改革と近代思想との断絶と見えたものは、実は啓蒙主義と敬虔主義との確執が表層面に現われた敵対関係なのであって、深層においては宗教改革と近代思想とはその間に流れる深海流によって繋がっていることが明らかになるであろう。それゆえ現代ヨーロッパにおける無神論やニヒリズムに現われた世俗化の進行もこれを是認し促進する世俗主義者の世界観からだけ考察されるべきではなく、別の視角から新しく解明することができよう。

（2）自律と神律

最近は「神律」（Theonomie）という観点からヨーロッパ精神史を解明しうると考えている。この神に従う生き方という神律は「自律」（Autonomie）と対立しているであろうか。一般的には神律は他からの命令によって行動する「他律」（Heteronomie）と同義に理解されている。神が自己にとり他者であるなら、そう考えられるのも当然であろう。だが神はわたしたちにとり異質であっても、よそよそしい他者なのであろうか。神が律法をもってわたしたちを脅かし、刑罰の恐れを惹き起こしたり、わたしたちが律法を外面的に遵守して神に対して道徳的な合法性を主張するなら、そのとき神律は他律となっている。他方、神の恩恵によって新生し、自発的に善い行為をなそうと励むような場合はどうであろうか。そのとき神律は自律性を内に含んでいることにならないであろうか。エレミヤの「新しい契約」のように心の内に神の法が刻み込まれている場合や、神の愛に応答するイエスの愛の教えのごとく、神律は自律の契機を内に含んでいるといえよう。こうして神律には外面化して他律となる方向と、内的な変革による自律の方向とが併存することになる。

　このように神律が他律に向かう方向と自律に向かう方向とをもっているという観点からわたしたちは宗教改革時代の思想の歴史を解明できるのではなかろうか。[*12]今日では自由意志は選択意志として意志の自発性のもとに起こることが自明となっている。この自発性についてはすでにアリストテレスによって説かれており、「その原理が行為者のうちにあるものが自発的である」との一般的命題によって知られている。そして実際、この選択意志としての自由意志の機能を否定する人はだれもいないのであって、「奴隷意志」（servum arbitrium）を説いたルターでもそれを否定してはいない。

　それでは、なぜペラギウスとアウグスティヌス、エラスムスとルター、ジェズイットとポール・ロワイヤルの思想家たち、さらにピエール・ベールとライプニッツといった人々の間で自由意志をめぐって激烈な論争が起こったのか。そこでは自由意志が本性上もっている選択機能に関して争われたのではなく、自由意志がキリスト教の恩恵と対立的に措定され、かつ、恩恵を排除してまでもそれ自身だけで立つという「自律」の思想がこの概念によって強力に説かれたからである。こうして自由意志の概念はほぼ自律の意味をもつものとして理解され、一般には一七世紀まで用いられたが、やがてカントの時代から「自律」に取って替えられた。

　自由意志が救済問題で神の恩恵を排斥して説かれた場合、それは批判の対象となった。しかし一般の道徳の領域では自由意志は認められていた。ペラギウスの協力者であったカエレスティウスの『定義集』には、義務の意識があるかぎり、自由意志は前提されていると次のように説かれている。「人間は罪なしに存在すべきであるか否かが問われなければならない。疑いの余地なく、人はそうあらねばならない。もしそうあらねばならないなら、そうあり得る」と。同様にエラスムスも「それゆえ人間はこれらのことをなし得る。さもなければ命じられていても空しいことであろう」と合理主義的に論じた。またカントの「なすべきである、ゆえになし得る」(Du kannst, denn du sollst)も道徳法則の意識には当為実現能力としての自由意志が前提されていることを示している。

一般道徳の領域で認められる自由意志は道徳の普遍的原理となる場合に、カントにおいては傾向性に立つ他律を排除することによって「自律」に達している。宗教の領域で恩恵を排除した自由意志の自律が問題となっていたのに、カントでは他律の排除によって自律に達している。このことは意志の自律の規定にも明らかである。「意志の自律とは意志が(意志作用の対象のあらゆる性質から独立に)かれ自身に対して法則となるという、意志のあり方のことである」[*13]。つまり自己以外のすべての対象や各自の傾向性や好みのような自然必然性も排除され、自己立法的になっているのが自律の立場である。この自律が成立する最終的根拠は感性的表象のすべてから全く自由で自発的な理性に求められる。こうして理性的自律において近代的自律は完成するようになった。

しかし同時に、わたしたちが考えなければならないのは、このようなラディカルな自律の主張は、現実には稀であって、どこまでも貫徹しうる性質のものではないということである。カントは『宗教論』で根本悪を説かざるを得なかったし、エラスムスも「わたしには多少のものを自由意志に帰し、恩恵に多大のものを帰している人々の見解が好ましいように思われる」と言って、恩恵を排除するどころか、自由意志を最小限のところにまで後退させている。すでに考察したように自律と他律とは全く排他的な矛盾関係に立っていても、自律と神律の方は相互に深くかかわり合っている。そのさい神律は自律との関係を通してわたしたちに拓かれてくる。そこでティリッヒの次の考えを参照してみよう。

　神律とは、他律とは反対に、超越的内実をもって、それ自身法にかなった諸形式を実現することである。それはカトリック的権威思想のような意味で、自律を放棄することによって成立するのではなく、自律が自己を超出する地点まで達することによって成立する。[*14]

　この文章の前半は神律文化の形成について語っており、その後半は自律の深化と自己超越によって神律が成立すると主張する。この自律を放棄すると他律となるが、自律を徹底させて自己を超越することにより神律に達すると述べられている点が重要である。ティリッヒは自律と神律との関連について「その神的根拠を知っている自律が神律である。しかし、神律的次元なき自律は単なるヒューマニズムに堕落する」[*15]とも説いている。わたしたちの意志は自らの力によって立とうとするとめまいをおこして倒れざるを得ない。このように有限な意志は神の力によってのみ再起しうるのであって、神の恩恵によって内的に新生した意志の在り方こそ神律であるといえよう。

　このような神律の観点から近代の自由思想の歴史的発展が考察できるのではなかろうか。そこには次のような注目すべきプロセスが見られよう。

イタリア・ルネサンスの自由意志論の発展も神律と自律との関係から解明することができる。ペトラルカの神律的ヒューマニズムはヴァッラにおいて神律が強まる方向へ発展し、他方ピコ・デラ・ミランドラにおいては自律が強調される。エラスムスにおいては、権威主義化し儀礼化した他律的信仰が批判され、キリストとの主体的関わりによって自律性が力説されるにいたった。

オッカム主義により教育を受け求道し続けたルターは、律法によって自律的に立ち得ない自己の無力を神の前に自覚し、「自律が自己を超出」（ティリッヒ）し、神の恩恵の働きにより信仰によってのみ義となり得るという信仰義認論を確立する。彼はこの信仰によって神律の立場を確立し、スコラ神学と対決するにいたった。ルターの体験と思想は自律から神律への方向を明らかにとった。

こうして神律のうちなる自律を力説するエラスムスと、神律のうちなる信仰による新生を力説するルターとの間に自由意志をめぐって激烈なる対決が一六世紀の初めの四半世紀に生じている。この論争は調停不能な矛盾的対立に終始しているように思われるが、そこには一つの合意が成立している。それは恩恵を受容する能力として自由意志を認めることである。この受容において神律は成立するのであるから、両者とも神律に立っている点で合意に達している。

近代初頭における自由思想は中世と同じく神律的であっても、神律における自律の意義が明らかに説かれ、自律と神津との弁証法的関係が問われた。エラスムスは「自由意志が恩恵によって何をなし得るか」とそれを肯定的に問い、ルターの方は「恩恵なしに自由意志は何をなし得ないか」と否定的に問うている。前者により神律の中の自律の契機が、後者において神律の中の非自律の契機が力説されているといえよう。それに反し現代の自由論は神律から分離した単なる自律、つまり理性の自律である理律を説いているにすぎない。

（3）宗教改革からドイツ神秘主義へ——隠れた水脈の探索

終わりに既述のヨーロッパ思想史を貫流する深海流について付言しておきたい。それは中世から宗教改革の時代を経て近代に流れる神秘主義の歴史に見いだすことができる。これまでは宗教改革者たちが中世後期のスコラ神学から断絶している点が強調されてきたが、中世との連続面が無視されてきた。だが神秘主義の影響を検討してみると中世との連続面と近代との継続面も同時に認められるであろう。

ルターには教義の改革者という要素と内面的な神秘的思想家という要素とが同時に存在している。前者が歴史の表面に現われている宗教改革者の姿であり、後者が歴史には見えていない隠された姿である。つまり、前者が前景に現われてくるに反比例して、後者は内面に深く隠されていく。そして残念なことに、後者の神秘主義のゆえにルターに共鳴していた多くの協力者たちはやがて彼から分離していく運命にあった。この神秘主義の流れは「宗教改革の隠れた地下水脈」をなしており、ルターからドイツ敬虔主義への思想史的な発展として解明できる。

そこで、わたしたちはまず、ルターの中心的な教説である信仰義認論の内に神秘主義的な要素がどのように厳に力説されているかを、彼の代表作『キリスト者の自由』にもとづいて考察してみた。[*16] ルターと神秘主義との関係は単にドイツ神秘主義だけでなく、一五世紀のノミナリズムの神学者ジェルソンとビールまたトマス・ア・ケンピスにも及んでおり、さらには一六世紀の霊性主義者や一七世紀のルター派の神秘主義者さらに一八世紀のドイツ敬虔主義にも及んでいる。しかもそれが明示的な教義においてではなく、一般的には知られていない隠された地下水脈として彼らの間を貫流している。

この点を神秘主義の「根底」概念によって明らかにすることができる。この概念はエックハルトとタウラーとの共通したものであり、理性より深い魂の上級の能力であって、身体と魂とから成る人間存在のもっとも高貴で深淵的な部分を指す。つまり感性や理性を超える霊性の次元を表現する言葉なのである。

このような「魂の根底」の思想はルターによってタウラーから受容され、最初のドイツ語の著作『七つの悔い改め詩編講解』で用いられたが、この概念が聖書的でなかったため、その代わりに「霊」が代用されるようになった。この概念はヴォルムスの帝国議会の後にルターから離れていった、ミュンツァーや再洗礼派といった分離派や神秘主義的な霊性主義者たちによっても内面的宗教性を示すために用いられた。

さらにこの概念はルター派教会の中に留まりながら神秘思想をさらに深め発展させた神秘主義者の中にも流入している。たとえばヴァイゲル（Valentin Weigel, 1533–88）の諸著作やヨーハン・アルント（Johann Arndt, 1555–1621）の『真のキリスト教に関する四巻』にも頻繁に使用された。この概念は自然神秘主義に立つパラケルスス（Paracelsus, 1493–1541）とヤコブ・ベーメ（Jacob Böhme, 1575–1624）でも用いられて神秘主義思想が表明された。*17

終わりにこの概念はドイツ敬虔主義の代表者シュペーナー（P. J. Spener, 1635–1705）の『敬虔なる要望』に現われており、ルター派教会の霊的な改革を提案したときに使用された。彼の敬虔主義では「再生」（Wiedergeburt）がその中枢をなす概念であって、この主題をめぐる六六編の説教が残っている。彼は義認を再生の内に組みいれ、再生の構成要素の一つとしている。だが、彼は異端の嫌疑を回避すべく「心の根底」の内の「根底」を避けて「心」概念の方を使用した。

したがってシュペーナーに始まるドイツ敬虔主義においては「根底」概念はあまり頻繁に用いられていないとしても、「内なる人」とか「心」概念によって内容的には表明されており、信仰の内的な再生力によって実践的な活動が強力に押し進められた。それは詩人テルステーゲン（G.Tersteegen, 1697–1769）の詩集『親密なる魂の霊的な小さな花園』で頻繁に使用され、「魂の根底」の詩が創作された。たとえば「喜ばしい修道院生活」という題の詩では、次のように歌われている。

わたしの魂の根底はわたしの甘美な独房です。
そこでわたしはわが神と一緒に暮らします。
すると豊かな生命の泉がわたしに流れ出すのです。
ああ、いつもそこに閉じ籠っていることができますように。*18

この「根底」概念はルターの宗教改革で起こった信仰の霊的性格を響かせており、その信仰が継承されていることを示す。この敬虔主義（Pietismus）は一七世紀の後半にドイツで興った信仰覚醒運動であって、その運動の発端はルター派教会が領邦教会として国家的な基盤に立ち、制度的に保証された歴史的状況に由来する。教会が次第に形骸化し、内的な生命力を喪失すると、道徳的な無力化と霊的な荒廃が生じ、その権威と信望はまったく失墜するにいたった。ここから教会批判が続出し、人々の関心が制度的な教会から個人の信仰と道徳に移行し、個人の社会的実践の必要性が強調され、教会にとどまりながらもその法規、職務、礼典、教義などは重要でないとみなされた。そして人間の内的な心がその深みから刷新されるようになった。この心の深みは「根底」概念によって表明され、ヨーロッパ思想史を貫流する深海流を形成している。

注

＊1　同様のことはマックス・シェーラーによっても説かれており、近代世界は旧来の権力に対するルサンティマンの産物に過ぎず、新しい文化を創造したのではないと言われる。さらにホルクハイマーとアドルノも近代ヨーロッパでの啓蒙主義は文化を創造するどころか、反対に文化を破壊しており、野蛮な時代に人類を引き戻すものとして告発する。ホルクハイマー／アドルノ『啓蒙の弁証法』徳永恂訳、岩波文庫、二〇〇七年、七頁。

＊2　Gibbon, Decline and Fall of the Aroman Empire, ed. Bury (1909), VI, 128, VII, 296.

＊3　E. Troeltsch, GA. Bd., III, S. 16.

＊4　このことを最初指摘し、歴史的に実証したのはアメリカの歴史家セオドァ・K・ラブである。彼は一七世紀の後半、教派戦争の終わりの段階において、とりわけドイツにおける三〇年戦争の時代に、全ヨーロッパ

史の進展における「深い溝」が生じたという結論を慎重に定式化するに至った。すなわちこの溝の後、人間の態度に根本的に新しい態度が、とりわけ「宗教的な不寛容の後退」によって規定された態度が生じたと説いている。ラブの功績は、一七世紀の中葉に終わった教派戦争の時代、とりわけドイツにおける三〇年戦争の時代に近代への開始となる一つの深い切れ目を見い出したことである。その出来事の中に人間の根本的に新しい態度と理解が、とりわけ宗教的な非寛容の放棄ということに特徴づけられている態度と理解とが認められる。つまり狭い意味での近代の開始にとって、一六四二—一六四八年までのイギリス革命がもっている時代区分上の意義はイギリスを越えてこの時代の全てのヨーロッパの歴史にも妥当する（Th. K. Rabb, The Struggle for Stability in Early Modern Europe, 1975, p. 81f.）。

＊5　トレヴァー＝ローパー『宗教改革と社会変動』小川晃一他共訳、未来社、一九七八年、七九頁。

＊6　この点に関し金子晴勇『近代人の宿命とキリスト教』聖学院大学出版会、二〇〇一年、二〇〇—二〇四頁参照。

＊7　トレヴァー＝ローパー、前掲訳書、同頁。

＊8　トレヴァー＝ローパー、前掲訳書、八〇頁。このような知的交流の全体はH・ボーツ／F・ヴァケ『学問の共和国』池端次郎・田村滋男訳、知泉書簡、二〇一五年に詳しく述べられている。

＊9　金子晴勇『ルターとドイツ神秘主義』創文社、二〇〇〇年、一六七—二〇〇頁参照。

＊10　本書第一〇章参照。

＊11　そのさいベーメとシェリングの「根底」学説はよく知られているが、シュライアーマッハーの「心情」(Gemüt) 概念がタウラーと敬虔主義の伝統において「根底」と同義である点が知られていない。

＊12　この観点は、『ルターの人間学』の中で爾後に考究すべき課題として残しておいた「自由意志」の問題に取り組んでいるあいだに、次第に明らかになってきたのである。この「自由意志」(liberum arbitrium) の概念はアウグスティヌス以来、哲学と神学の主題となり、とくに一六世紀においては最大の争点となっている。

＊13　カント『人倫の形而上学の基礎づけ』野田又夫訳「世界の名著」一九七二年、二八六頁。
＊14　P. Tillich, Theonomie, RGG, 2 Auf. Bd. 5, 1128.
＊15　ティリッヒ『キリスト教思想史』佐藤敏夫訳「ティリッヒ著作集　別巻3」白水社、一九八〇年、四二頁。
＊16　本書第七章参照。
＊17　金子晴勇、前掲書、四〇九―五二〇頁参照。
＊18　Tersteegen, Geistiges Blumengärtlein inniger Seelen, Erstes Büchlein, Nr. 339.

あとがき

本書は最初に宗教改革についての一般的な疑問に答える形でもって、いくつかの問題を立てて考察し（一―四章）、次に宗教改革者たちに共通する信仰の特質を総体的に論じ（五章）、その後で三人の改革者たちの思想的な特色を紹介した（六―八章）。さらにルターから離れ宗教改革の傍流となった人たちの思想的な特徴を指摘し（九―一〇章）、また宗教改革が当時の文化と社会にまたがる改革であった点に触れ（一一―一二章）、終わりに近代との関連について考察した（一三章）。

このなかで前半の部分（一―八章）は今回新たに書き下ろしたが、後半の部分（九―一三章）はこれまで研究したものを用いて主な要点を簡略にまとめたものである。本書の内容の全体は「宗教改革者たちの信仰」（五章）によく示されているので、それをもって本書の表題とした。

宗教改革についてのわたしの研究に特徴があるとすれば、それは神学の視点からではなく、ヨーロッパ思想史の観点から行われたことにあるといえよう。またこの思想史も哲学の中の人間学から研究がなされ、人間学のなかでもキリスト教人間学の観点から行われた。さらにその研究はアウグスティヌスというエラスムス、ルター、カルヴァンに共通の思想的源泉から遂行された点に特徴があるといえよう。しかも宗教改革者たちの間の対立点よりも共通点に注目して考察されている。

これまでわたしはキリスト教人間学の観点から宗教改革の歩み全体を学んできた。最初はルターを次いでエラスムスとカルヴァンを、さらに宗教改革者の傍流に至るまで広く研究の対象としてきた。このような歴史研究の中からキリスト教人間学の三分法「霊・魂・身体」の重要性を学び、この三分法からキリスト教思想史の全体を考察するようになったが、それは決してわたしの個人的な発意や好みによるものではなく、歴史の文献自体から教えられたのである。こうして従来の明示的な教義学の展開よりも、内面的な信仰もしくは非明示的な霊性に関心が集中し、そこから宗教改革を生み出した生命力を捉えようと考えるようになった。

「まえがき」にも述べたように、今年は宗教改革五〇〇周年を迎え、宗教改革を全体として再考する機会が与えられた。ヨーロッパ一六世紀の宗教改革は人類史のなかで信仰の力がもっとも高揚した時代であった。それゆえ、わたしたちはこれを人類の宝として尊重し、その「黄金の水流」（エラスムス）から生命の泉を汲み取るように努めた。

出版に当たって今回も教文館にお世話になった。校正の任のあたられた出版部の福永花菜さんにお世話になったことを感謝したい。

二〇一七年三月二七日

金子晴勇

参考文献

（本書で引用されたもの）

はじめに

エラスムス『エラスムス神学的著作集』金子晴勇訳、教文館、2016年。

金子晴勇「信徒の説教論」『説教者のための聖書講解』第51号、日本キリスト教団出版局、1985年6月号。

1　宗教改革はどのように起こったか

ロー『ルター論』渡辺茂訳、聖文舎、1966年。

ルター『ルター神学討論集』金子晴勇訳、教文館、2010年。

2　ルターは「宗教」で何を理解したか

ルター『ガラテヤ書大講解』徳善義和訳、聖文舎、1985年。

ブーバー『我と汝』田口義弘訳『対話的原理Ⅰ』みすず書房、1967年。

パスカル『パンセ』前田陽一・由木康訳「世界の名著24　パスカル」中央公論社、1966年。

キケロ『神々の本性について』山下太郎訳「キケロー著作集11」岩波書店、2000年。

金子晴勇『近代自由思想の源流』創文社、1987年。

金子晴勇『ルターとドイツ神秘主義』創文社、2000年。

3　改革者たちに共通する問題は何か

エラスムス『新約聖書の序文』「エラスムス神学著作集」金子晴勇訳、教文館、2016年。

ルター『ルター神学討論集』金子晴勇訳、教文館、2010年。

金子晴勇『近代自由思想の源泉』創文社、1987年。

4　改革者たちはどんな時代に生きたか

オーバーマン『二つの宗教改革』教文館、2017年刊行予定。

モンタネッリ／ジェルヴァーゾ『ルネサンスの歴史』下、藤沢道郎訳、中公

文庫、1975年。

バイントン『宗教改革』出村彰訳、新教出版社、1972年。

カルヴァン『旧約聖書註解　詩編Ⅰ』出村彰訳、新教出版社、1994年。

5　宗教改革者たちの信仰

エラスムス『エンキリディオン』金子晴勇訳「エラスムス神学著作集」教文館、2016年。

エラスムス『評論「自由意志について」』山内宣訳「ルター著作集７」聖文舎、1966年。

カルヴァン『プシコパニキア　魂の目覚め』久米あつみ訳『カルヴァン論争文書集』教文館、2009年。

カルヴァン『キリスト教綱要』久米あつみ訳、教文館、2000年。
B. Groethuysen, Philosophische Anthropologie, 1969（1931, 初版）.
森井眞『ジャン・カルヴァン――ある運命』教文館、2005年。

ラウ『ルター論』渡辺茂訳、聖文舎、1966年。

エラスムス『エラスムス神学的著作集』金子晴勇訳、教文館、2016年。

Hugo de Sancto Victore, Eruditio didascalia, MPL. CLXXII, 797.

カルヴァン『キリスト教綱要Ⅰ』渡辺信夫訳、新教出版社、1962年。

金子晴勇『ヨーロッパ人間学の歴史――心身論の展開による解明』知泉書館、2008年。

金子晴勇『現代ヨーロッパの人間学』知泉書館、2010年。

金子晴勇『ルターの人間学』創文社、1975年。

金子晴勇『ルターとドイツ神秘主義』創文社、2000年。

6　エラスムスの聖書解釈法

アウグスタイン「ロッテルダムのエラスムス」金子晴勇訳『宗教改革者の群像』日本ルター学会編、知泉書館、2011年。

芳賀力『物語る教会の神学』教文館、1997年。

アウグスティヌス『キリスト教の教え』加藤武訳「アウグスティヌス著作集６」教文館、1988年。

アウグスティヌス『三位一体』泉治典訳「アウグスティヌス著作集28」教文館、2004年。
E. Hirsch, Initium theologiae Lutheri, 1950, in: Der Durchbruch, 1965.

K. Holl, Gesammelte Aufsätze zur Kirchengeschichte, I, Luther, 1932.
E. Vogelsang, De Anfänge von Luthers Christologie, 1929.
G. Ebeling, Die Anfänge von Luthers Hermeneutik, in: Lutherstudien Bd.I, 1971.
R. Prenter, Der barmherzige Richter, 1961.
フランツ・ラウ『ルター論』渡辺茂訳、聖文舎、1966年。

金子晴勇『ルターの人間学』創文社、1975年。

7　ルターの義認論再考

P. Ricoeur, The Conflict of Interpretation. Essays in Hemeneutics, 1974.
親鸞『歎異抄』金子大栄校注、岩波クラシックス、1982年。

8　カルヴァン神学の魅力

P. Althaus, Die Theologie M. Luthers, 1962.
G. Ebeling, Cognitio Dei et hominis, in: Lutherstudien, Bd. I, 1971.
カルヴァン『キリスト教綱要』久米あつみ訳、教文館、2000年。

関口康「カルヴァンにおける人間的なるものの評価」アジア・カルヴァン学会日本支部編、久米あつみ監修『新たな一歩を――カルヴァン生誕500年記念論集』キリスト新聞社、2009年。

カルヴァン『キリスト教綱要 I』渡辺信夫訳、新教出版社、1962年。

トーランス『カルヴァンの人間論』泉田栄訳、教文館、1980年。

キケロ『神々の本性について』山下太郎訳「キケロー著作集 11」岩波書店、2000年。

金子晴勇『ルターの人間学』創文社、1975年。

金子晴勇『ルターの霊性思想』教文館、2009年。

金子晴勇『ルターとドイツ神秘主義』創文社、2000年。

金子晴勇『アウグスティヌスの人間学』創文社、1982年。

金子晴勇『ヨーロッパの人間像』知泉書館、2002年。

9　シュヴェンクフェルトの意義

コイレ『パラケルススとその周辺』鶴岡賀雄訳、白馬書房、1987年。
H. Weigelt, Spiritualistishe Tradition im Protestantismus. Das Schwenckfeldertum in Schlesien, 1973.

E. Hirsch, Lutherstudien, Bd. 2, 1954.
Schwenckfeld, Corpus Schwenckfeldianorum, vol. 1-5, 1907-16.
J. Wach, Caspar Schwenckfeld: A pupil and a teacher in the school of Christ. in: Types of Religious Experience, 1972
Schriften von Kaspar Schwenckfeld=Schriften, vol., 1, 1564.
R. M. Jones, Spiritual reformers in the 16th and 17th centuries, 1928.
Spiritual and Anabaptist Writers. Documents Illustrative of the Radical Reformation, 1957, The Library of Christian Classics, engl. trans. by Gerhard Schultz.
J. H. Seyppel. Schwenckfeld Knight of Faith, 1961.
M・シュミット『ドイツ敬虔主義』小林謙一訳、教文館、1992年。
金子晴勇『聖なるものの現象学』世界思想社、1994年。
金子晴勇『近代自由思想の源流』創文社、1987年。
金子晴勇『ルターとドイツ神秘主義』創文社、2000年。

10　急進派の革命思想とその問題点

E. Troeltsch, Die Soziallehren der christlichen Kirchen und Gruppen, 1911.
Die Bedeutung des Protestantismus für die Entstehung der modernen Welt, 1906, 2 Aufl. 1911.『近代世界の成立にたいするプロテスタンチズムの意義』堀孝彦訳「トレルチ著作集８」ヨルダン社、1984年。
G. H. William, The Radical Reformation, 1962
Spiritual and Anabaptist writers: Documents Illustrative of the Radical Reformation, 1957.
ギュンター・フランツ『ドイツ農民戦争』寺尾誠・中村賢二郎・前間良爾・田中真造訳、未来社、1989年。
Walter Nigg, Heimliche Weisheit. Mystik 16-19 Jahrhunderts, 1975.
『宗教改革著作集７』田中真造訳、教文館、1985年。
H. Bornkamm, Äusserer und innerer Mensch bei Luther und Spiritualisten, in: Imago Dei, 1932.
『ルター著作集』第１集第５巻、渡辺茂訳、聖文舎、1967年。
『宗教改革著作集８』「再洗礼派」出村彰訳、教文館、1992年。
R. M. Jones, Spiritual Reformers in the 16th and 17th Centuries, 1928.
Hegler, Geist und Schrift bei Sebastian Franck, 1892.

Sebastian Franck, Paradoxa, Eingeleitet von W. Lehmann, hrsg. von Heinrich Ziegler, 1909.
コイレ『パラケルススとその周辺』鶴岡賀雄訳、白馬書房、1987年。
金子晴勇『ルターとドイツ神秘主義』創文社、2000年。

11　宗教改革は同時に文化の改革である

内村鑑三『ルーテル伝講演集』岩波書店、1921年。

佐藤繁彦『ローマ書講解に現れたルッターの根本思想』聖文舎、1961年（第二版）。

ルター『ルター教会暦説教集』植田兼義、金子晴勇訳、教文館、2011年。

Asheim, Glaube und Erziehung bei Luther. Ein Beitrag zur Geschichte des Verhältnisses von Theologie und Pädagogik, 1961.

ルター「人々は子どもたちを学校へやるべきであるという説教」徳善義和訳『ルター著作集』第１集第９巻、聖文舎、1993年。

ゴーガルテン『近代の宿命と希望』熊沢義宣他訳「現代キリスト教思想叢書」白水社、1975年。

パネンベルク『近代世界とキリスト教』深井智朗訳、聖学院大学出版会、1999年。

トレルチ『近代世界に対するプロテスタンティズムの意義』堀孝彦訳「トレルチ著作集５」ヨルダン社、1982年。

金子晴勇『近代人の宿命とキリスト教――世俗化の人間学的考察』聖学院大学出版会、2001年。

12　新しい職業観と近代社会

ヴェーバー『プロテスタンティズムの倫理と資本主義の精神』大塚久雄訳、岩波文庫、1989年。

ルター『キリスト者の自由／聖書への序言』石原謙訳、岩波文庫、1955年。

トレルチ『ルネサンスと宗教改革』内田芳明訳、岩波文庫、1959年。

バターフィールド『近代科学の誕生』上・下、渡辺正雄訳、講談社学術文庫、1978年。

村上陽一郎『近代科学と聖俗革命』新曜社、1976年。

ヴェーバー『職業としての学問』尾高邦雄訳、岩波文庫、1965年。

シャミッソー『影をなくした男』池内紀訳、岩波文庫、1985年。

レヴィ・ブリュール『未開社会の思惟』岩波文庫、上巻、山田吉彦訳、1970年。

金子晴勇『人間の内なる社会』創文社、1992年。

金子晴勇『近代人の宿命とキリスト教——世俗化の人間学的考察』聖学院大学出版会、2001年。

13　近代思想に対する影響

Gibbon, Decline and Fall of the Roman Empire, ed. Bury（1909）, VI, 128, VII, 296.
E. Troeltsch, GA. Bd., III, S. 16.
Th. K. Rabb, The Struggle for Stability in Early Modern Europe, 1975.
トレヴァー＝ローパー『宗教改革と社会変動』小川晃一他共訳、未来社、1978年。
カント『人倫の形而上学の基礎づけ』野田又夫訳「世界の名著」1972年。
P. Tillich, Theonomie, RGG, 2 Auf. Bd. 5.
ティリッヒ『キリスト教思想史』佐藤敏夫訳「ティリッヒ著作集別巻 2」白水社、1980年。
Tersteegen, Geistiges Blumengärtlein inniger Seelen, Erstes Büchlein, 1931.
金子晴勇『ルターとドイツ神秘主義』創文社、2000年。

宗教改革者の略年譜

1469年（あるいは66年） 10月27日か28日エラスムス、オランダ・ロッテルダムで生まれる。14歳の頃両親を相次いで失う。

1483年　11月10日ルター、アイスレーベンに生まれる。

1484年　1月1日ツヴィングリ、ヴィルトハウスに生まれる。

1485年　ヘンリ7世即位（—1509年）。テューダー王朝開始。

1486年　エラスムス、ステインのアウグスティヌス修道会の修道院に入る（—88年）。ザクセン選定侯フリードリヒ賢公即位（—1525年）。

1497年　2月16日メランヒトン、ブッテンに生まれる。

1500年　エラスムス『格言集』（初版）。

1501年　ルター、エルフルト大学人文学部入学。

1502年　9月ルター、学士号を取得。

1504年　エラスムス、ルーヴァン大学で修辞学と詩学を講じる。『エンキリディオン』（=『キリスト者兵士の手引き』）を含む著作を出版。

1505年　エラスムス、ロレンツォ・ヴァッラ『新約聖書注解』を出版。ルター、シュトッテルンハイム近郊で落雷に遭う。エルフルトのアウグスティヌス隠修士会の修道院に入る。

1506年　ルター、誓願式。

1507年　4月4日ルター、エルフルト大聖堂で聖職授与式。5月修道院内聖堂で司祭初ミサを行なう。

1508年　ルター、ヴィッテンベルク大学人文学部でアリストレスを講じる。

1509年　エラスムス、トリノ大学から神学博士号を授与される。ルター、ローマ旅行。7月10日カルヴァン、フランスの司教都市ノワイヨンで生まれる。ヘンリー8世即位（—47年）、フランソワ1世即位。

1510年　ルター、エルフルトに帰任。ロンバルドゥス『命題集』を講じる。ヴィッテンベルク大学へ移る。

1511年　エラスムス『痴愚神礼讃』『古典読解の研究方法』。
1512年　エラスムス『言葉とものとの双方の宝庫』。10月ルター、神学博士の学位取得。第五ラテラノ公会議（—17年）。
1513年　ルター、聖書学の講義を開始。詩編（—15年）、ローマ書（1515年—16年）、ガラテヤ書（1516年）、ヘブライ書（1517年）。教皇レオ10世即位（—1521年）。
1514年　エラスムス、バーゼルに移り、フローベン社を自分の著作の印刷・出版元とする。ルター『スコラ神学を反駁する討論』（九七箇条の提題）発表。
1515年　エラスムス、英国へ立ち寄り、その後ベルギーのアントワープへ。『エンキリディオン』単行本。贖宥状の販売、ドイツで始まる。フランソワ１世即位（—1547年）。ペスト流行。
1516年　エラスムス、ヒィスパニア王カルロス１世（のち神聖ローマ帝国皇帝カール５世）の名誉参議会員となる。『校訂　新約聖書』『聖ヒエロニュムス著作集』『キリスト教君主の教育』。
1517年　10月31日ルター『贖宥の効力を明らかにするための討論』（「九五箇条の提題」）。エラスムス『平和の訴え』。
1518年　エラスムス『結婚礼讃』『対話集』『対話集』『真の神学方法論』。ルター『ハイデルベルク討論』。６月ライプチヒ討論会。10月カエタヌスによるルターの審問。メランヒトン、ヴィッテンベルク大学赴任。ツヴィングリ、チューリヒ大聖堂付牧師となる。
1519年　エラスムス『校訂　新約聖書』改訂再版、『対話集』改訂版。６月スペイン国王カルロス１世、神聖ローマ帝国皇帝カール５世（—1556年）となる。
1520年　エラスムス、ザクセン選帝侯らと協議し、ルターが欠席裁判とならないように提案する。エラスムス『反野蛮人論』。６月15日ルター、破門脅迫大教書『主よ、立ちて』の発令。『キリスト教界の改善についてドイツ国民のキリスト教貴族に与う』（８月中旬)、『教会のバビロン捕囚』（８月下旬)、『キリスト者の自由』（11月中旬)。ルター、公に教皇の破門脅迫大教書を焼く。騎士の乱（—1523年)。メランヒトン『神学綱要』。
1521年　１月３日破門状『ローマ教皇にふさわしく』により正式にルタ

ーは破門される。ルター、４月ヴォルムス国会へ召喚。国会討論（４月17—18日）、５月ルターに帝国アハト刑の宣告（ヴォルムス勅令）。ヴァルトブルク城にて新約聖書の翻訳。『ラトムス駁論』『マグニフィカト（マリアの讃歌）』『修道誓願について』。カルヴァン、ノワヨンの教会禄をうける。

1522年　エラスムス『対話集』増補版。ルター、３月ヴィッテンベルクへ帰還。９月ドイツ語聖書出版（「９月聖書」）。

1523年　ルター『この世の権威について、人はどの程度まで、これに対して服従の義務があるか』（３月）。『教会における礼拝の順序について』（４月）。カルヴァン、パリに出る。コレージュ、ドラ・マスシュ、次いでモシテーギュ学寮に学ぶ。プロイセンのケーニヒスベルクで福音主義の実行。教皇クレメンス７世即位（—1534年）。

1524年　エラスムス『評論　自由意志論』。ルター『ドイツ全市の参事会員にあてて、キリスト教的学校を設立し、維持すべきこと』『天来の予言者らを駁す、聖像とサクラメントについて』（12月）。ドイツで農民戦争が勃発（—26年）。

1525年　ルター『シュワーベン農民の一二箇条に対して平和を勧告する』『盗み殺す農民暴徒に対して』（５月）。トマス・ミュンツァー処刑。６月13日ルター、カタリナ・フォン・ボラと結婚。『農民に対する苛酷な小著についての手紙』（７月）、『ドイツ・ミサと礼拝の順序』（12月）、『奴隷意志論』。

1526年　エラスムス『マルティン・ルターの奴隷意志に反対する論争・重武装兵士』第１巻、翌年に第２巻出版。８月第１回シュパイエル国会。宗教改革運動に自由を与える。

1527年　福音主義による最初の大学、マールブルク大学創設。

1528年　エラスムス『キケロ主義者』。ルター『ザクセン選帝侯領内の牧師たちに対する巡察指導への序言』（３月）。

1529年　ルター『大教理問答書』（４月）、『一般の牧師説教者のための小教理問答書』（５月）。10月マールブルク会談。

1530年　ルター「人々は子どもたちを学校へ送るべきであるという説教」。カルヴァン、法学士となる。６月アウグスブルク国会、『アウグスブルク信仰告白』の朗読、和解交渉の失敗。

1531年　ルター『ガラテヤ書大講解』(出版は1535年)。
1532年　カルヴァン『セネカ「寛仁論」註解』(4月)。
1534年　ルター、聖書のドイツ語訳完成。カルヴァン『プシコパニキア(魂の目覚め)』。ストラスブールへ移る。7月トマス・モア処刑。
1535年　ルター、創世記講義の開始(—1545年)。カルヴァン、檄文事件でフランス脱出、バーゼル滞在、『キリスト教綱要』(初版)を書く。オリヴュタン訳『旧新約聖書』序文を書く。
1536年　カルヴァン『キリスト教綱要』(初版)。ジュネーヴ改革事業に着手(—1538年)。9月聖書講義開始。
1537年　ルター、シュマルカルデン会議に出席し、『シュマルカルデン条項』を起草。カルヴァン『信仰の手引きと告白』作成。
1538年　4月カルヴァン、ジュネーヴから追放、ストラスブールに亡命。
1539年　ルター『公会議と教会について』(3月)。ヴィッテンベルク版『ルター全集』第1巻の序文(9月)。カルヴァン『サドレへの返書』『ローマ書註解』『綱要』第2版。
1541年　カルヴァン「ジュネーヴ教会規則」作成。『綱要』フランス語版。
1542年　カルヴァン「ジュネーヴ教会教理問答」作成。
1543年　カルヴァン『聖遺物考』『教皇派のなかにある信者は何をなすべきか』『綱要』第3版。
1544年　カルヴァン『ニコデモの徒への弁明』。
1545年　ルター『ルター全集』のラテン語著作集の初版、「序文」を付す。12月13日トリエントの公会議(—1563年)。カール、トルコと休戦。
1546年　2月18日ルター、アイスレーベンで没。カルヴァン『コリント人への手紙註解』。
1547年　カルヴァン「トリエント会議の解毒剤」。
1549年　カルヴァン『ヘブライ人への手紙註解』『占星術を駁す』。
1550年　カルヴァン『躓きについて』(フランス語版、1551年)。
1552年　カルヴァン『神の永遠の予定について』『使徒言行録註解』。
1553年　カルヴァン、セルヴェをジュネーヴで火刑(10月)、ベルトゥリエを破門。
1554年　カルヴァン『三位一体論』『創世記註解』。
1555年　カルヴァン『共観福音書註解』。アウグスブルク和議。フランス

最初の改革派教会、パリに設立。

1557年　カルヴァン『詩編註解』。

1559年　カルヴァン「フランス教会信仰告白」起草。ジュネーヴのアカデミー発足。『キリスト教綱要』ラテン語最終版。

1560年　カルヴァン『キリスト教綱要』フランス語最終版。

1561年　カルヴァン、ジュネーヴ教会規則を市民総会が承認。

1562年　ユグノー戦争。

1564年　５月27日カルヴァン、ジュネーヴで没。

《著者紹介》

金子晴勇（かねこ・はるお）

1932年生まれ。1962年京都大学大学院文学研究科博士課程修了。文学博士（京都大学）。現在、岡山大学名誉教授、聖学院大学総合研究所名誉教授。

著書　『キリスト教倫理学入門』『ヨーロッパの思想文化』『人間学から見た霊性』『キリスト教霊性思想史』『キリスト教人間学入門』（以上、教文館）、『ルターの人間学』『アウグスティヌスの人間学』『ルターとドイツ神秘主義』（以上、創文社）、『ヨーロッパ人間学の歴史』『現代ヨーロッパの人間学』『エラスムスの人間学』（以上、知泉書館）他。

訳書　M. ルター『主よ、あわれみたまえ』『心からわき出た美しい言葉』『ルター神学討論集』、アウグスティヌス『神の国』上・下（共訳）、『アウグスティヌス神学著作集』（共訳）、エラスムス『エラスムス神学著作集』、H. チャドウィック『アウグスティヌス』（以上、教文館）、エラスムス『格言選集』（知泉書館）他。

宗教改革者たちの信仰

2017年5月30日　初版発行

著　者　金子晴勇
発行者　渡部　満
発行所　株式会社　教文館
〒104-0061 東京都中央区銀座4-5-1 電話03(3561)5549 FAX03(5250)5107
URL　http://www.kyobunkwan.co.jp/publishing/
印刷所　モリモト印刷株式会社

配給元　日キ販　〒162-0814　東京都新宿区新小川町9-1
電話03(3260)5670　FAX03(3260)5637

ISBN 978-4-7642-6129-7　Printed in Japan